U0907809

公司做强研究

——如何把私营公司做大、做强、做精、做久

张　杰◎著

中国出版集团　研究出版社

图书在版编目(CIP)数据

公司做强研究 / 张杰 著. — 北京 : 研究出版社, 2017.8
ISBN 978-7-5199-0051-9

Ⅰ. ①公… Ⅱ. ①张… Ⅲ. ①企业管理 Ⅳ. ①F272

中国版本图书馆 CIP 数据核字(2017)第 032987 号

公司做强研究

出 品 人 赵卜慧
作　　者 张　杰 著
责任编辑 寇颖丹
责任校对 张　琨
发行总监 黄绍兵
出版发行 研究出版社
地　　址 北京市东城区沙滩北街 2 号中研楼
邮政编码 100009
电　　话 010-63292534　63057714(发行部)
63055259(总编室)
传　　真 010-63292534
网　　址 www.yanjiuchubanshe.com
电子邮箱 yjcbsfxb@126.com
印　　刷 北京柯蓝博泰印务有限公司
开　　本 710mm × 1000mm　1/16
印　　张 13
版　　次 2017 年 8 月第 1 版　2017 年 8 月第 1 次印刷
书　　号 ISBN 978-7-5199-0051-9
定　　价 39.80 元

做大做强之道

荷兰皇家壳牌石油公司的一项研究表明：跨国公司的平均生命周期为40~50年，在欧洲和日本，公司的平均生命周期为12.5年，而中国公司则更短，为3~5年。

2005年7月1日公布的中国首部民营企业发展报告“蓝皮书”显示：20年来，中国每年新诞生的企业接近15万家，60%的民营企业在5年内破产，85%的企业在10年内死亡。

面对如此残酷的事实，太阳微公司（SunMicrosystem）董事长麦克尼利说：“要么被吃，要么吃人。”华为总裁任正非感叹：“10年来我天天思考的都是失败，对成功视而不见，也没有什么荣誉感、自豪感，而是危机感。”

为什么会有那么多企业“英年早逝”或“幼年夭折”？影响企业做大、做强、做久的关键因素究竟有哪些？如何破解？怎样才能使企业“活得长”“长得大”“走得远”？

民营公司从无到有、从小到大、由弱到强，其成长过程的每一步都考验着管理者的勇气、耐心、智慧，需要经营者时刻保持敏锐的头脑和旺盛的斗志。

对此，正泰集团创始人南存辉深有感触：“做企业跟爬山很像，开始做的时候认为很简单，结果当你越爬越高的时候，就是企业越做越大的时候，碰到困难的时候，越爬越觉得上不着天，下不着地，不能回头。所以当你上了这个舞台，就没有停下来的时候了，要不断去攀登、去跨越。”

经历了早期的艰苦创业阶段，企业开始把做大、做强纳入战略目标。不过，业务发展到一定阶段，做大或者做强似乎成了一道单选题。做大，继续抢占市场份额，意味着利润流失，势必带来生存压力；做强，集中精力抓品质、赚利润，却可能缩减规模，在竞争中处于劣势。

更多情况下，管理者强调做“大”，而忽略了做“强”。结果，光有规模的扩张，没有稳固的根基，这种“大而不强”是虚胖。大公司尽管规模比较大，但是竞争力指数并不高。这样看来，把小公司做大、做强，的确需要思虑长远、行动周详。

那么，企业做大做强之道，有哪些规律可循呢？其实，那些成功、有生命力的公司都有某些相似性。本书就这一系列问题展开讨论，为读者呈现了把小公司做大做强的十八般武艺：创业之道、战略之道、管理之道、领导之道、人才之道、执行之道、质量之道、品牌之道、营销之道、创新之道、信息之道、关系之道、文化之道、节约之道、财务之道、专业之道、竞争之道、防败之道。

较之琳琅满目的企业管理著作与大学MBA教材，本书最为显著的特征是实践性强、可操作性强、系统性完整。企业管理者不仅能从中学到经营韬略、商业知识、管理智慧，还能在反复研习的基础上洞察企业未来、赢得市场先机，从而真正实现做实、做精、做强、做优、做大、做久的愿景。

每一位有志创造伟大公司的经理人都应该读一读这本书。

每一位旨在打造百年老店的企业家都应该读一读这本书。

公司做强研究

——如何把民营公司做大、做强、做精、做久

目 录

第一章
创业之道：最重要的是活下来和挣钱

第二章

战略之道：找对方向才容易做大、做强、做优

第三章
管理之道：管理好，公司兴；管理乱，公司衰

第四章

领导之道：领导力就是战斗力，领导力决定执行力

第五章

人才之道：带出一群精兵强将是发展壮大的关键

第六章

质量之道：有质量未必成功，没质量一定失败

第七章

品牌之道：品牌长大了，公司才能长大

第八章
营销之道：营销对路，发展才能对路

第九章

创新之道：今天不创新，明天就落后；明天不创新，后天就淘汰

第十章
财务之道：让投下的每一分钱都产生价值

第一章
创业之道：
最重要的是活下来和挣钱

万事开头难，经营公司也是如此。资金、技术、人员、市场，以及想象不到的各种困难，都在考验管理者的胆识、气魄和智慧。如何走好第一步，是公司将来能否做强，以及有没有机会做大的关键。

阿里巴巴集团主席马云："小公司的战略就是两个词：活下来，挣钱。"无数企业家和创业者以他们的亲身经历告诉我们：企业生存永远是第一位的，至少在创业阶段，先挣到钱、活下来，然后再考虑进一步发展壮大的问题。

创业语录

做企业跟爬山很像，开始做的时候认为很简单，结果当你越爬越高的时候，就是企业越做越大的时候，碰到困难的时候，越爬越觉得上不着天，下不着地，不能回头。所以当你上了这个舞台，就没有停下来的时候了，要不断去攀登、去跨越。

——南存辉（正泰集团创始人）

事实上，成功一点都不难！最难的是：想成功，但没有计划！如果你有一个5年或者10年的成功目标，而且能够周密地计划，坚定地执行，那么，因为计划，成功率还是很高的。

——甄荣辉（前程无忧网创始人）

一个公司的开始意味着一个良好的信誉的开始，有了信誉，自然就会有财路，这是必须具备的商业道德，就像做人一样，忠诚、有义气。对于自己每说出一句话、做出的每一个承诺，一定要牢牢记在心里，并且一定要能够做到。

——刘永好（希望集团总裁）

1.先给自己找个引路人

进入商界的第一要务是“投师”，也就是说要找个好导师，给你入行引路。这个人不仅年长，而且经验丰富，也许是你的同事或者老板。这样做的好处是：

(1) 减少盲从。

创业者仅仅有雄心壮志还不够，必须找到自己的方向才行。尤其是初次创业者，最好有个引路人，这样能最大程度地减少盲从，让公司从一开始就走得稳一些。

(2) 补上创业教育这一课。

创业往往是摸着石头过河，在实践中积累经验。不过，为了提高成功的概率，还要多听听引路人的心得和忠告。这种摸爬滚打中得来的经验和教训，是最有价值的创业教育课。

(3) 跟对人，做对事。

在创业之初，遇到生命中的贵人，是一种幸运。但是，如果没有这种好运，你就要主动选择引路人了。首先，你必须主动地表现自己，使对方欣赏你，并结成良好关系。然后，要不断观察、学习和求教。

【一语妙计】生意场上，老人带新人，已然成了一个规律。比如，柳传志培养了杨元庆、郭为，牟其中影响了王石、冯仑。多一个导师等于多一条路，你任何时候都不会感到无所适从和无处讨教。

2.写一份创业计划书

选定了创业目标与确定创业动机之后，在资金、人脉、市场等各方面的条件都已准备妥当，或已经累积了相当实力的时候，创业者就必须制订出一份完整的创业计划书。

具体来说，创业计划书的格式如下：

（1）目录。

（2）摘要。

（3）执行总结：包括项目背景、目标规划、市场前景。

（4）市场分析：包括客户分析、需求分析、竞争分析。

（5）公司概述：包括总体战略、发展战略人力资源组织、财务管理制度、企业文化、服务概述。

（6）组织管理体系：包括组织机构、部门职责、管理模式。

（7）投资策略：包括股份募资、项目融资。

（8）营销战略：包括营销目标、营销模式、产品流动模式。

（9）财务分析：包括营业费用预算、销售预算、现金流量表、盈亏分析。

（10）风险分析：包括机遇、风险及策略、退出策略。

（11）附录：市场调查问卷。

【一语妙计】创办公司，如果你有一个5年的成功目标，而且周密计划、坚定执行，那么，因为计划，成功率是很高的。

3.走对路，才能办对事

创业并不是一件容易的事情。许多成功者付出了很多，经历了从无到有的过程，才在一穷二白的基础上发展起来。创业之前，我们一定要做好大量的准备工作，选对产业；而后，就要建立全局观念，遵循以下几个方针去行动：

（1）制定一套适合自己实际情况的策略，千万不能乱点鸳鸯谱，闭着眼瞎瞎创业。尽量提高创业成功的概率，这比什么都重要。

(2) 定期检查并调整创业项目，不能一条道走到黑，要随机应变。在执行过程中，一定要做到灵活经营。

(3) 最好能花些时间去进行研究，如调查市场行情走势、了解最新信息、掌握他人心理。要做好创业记录分析，不可以“坐以待息”，守株待兔绝不是一个真正成功的创业者的态度。

(4) 创业分析尽可能做到客观公正，尽量考虑到各种影响因素，时时保持冷静的头脑，切不可意气用事，更不能把赌博的心态带入创业活动中去。

【一语妙计】开公司，办企业，绝对是一场身心的考验。一旦踏上创业之路，你就要顾大局、抓细节，通过慢慢积累把生意做大。

4.成功从小投资开始

商业世界里，大企业家是少数，普通的经营者很多。这和自然界的食物链一样，越往上去动物越高级。做生意要从小投资开始，因为这是做大生意的基础。

(1) 小投资往往面对更大众化的市场。

微不足道的小商品，往往却是生活中不可缺少的东西，居家过日子谁也离不开。因此，做小投资，不但所需资金少，而且由于受众面广，市场风险小，更能保本。

(2) 船小好掉头，经营更灵活。

一方面，它具有填补性功能，适应市场销路有限的小规模生产，弥补大公司的空隙；另一方面，它无须较大的资金额和技术力量便可开业，一旦遭遇销路不畅，也能迅速调整方向。

(3) 小投资选择范围更广。

在经营项目选择上，小投资比大项目有更多优势，制造业、商业、手工业、服务业等众多行业都是小投资大显身手的场所。

【一语妙计】对规模不同的企业来说，大有大的气派，小有小的玲珑；反过来，大有大的难处，小也有小的不足，各有甘苦。要想取得成功，不在于投资几百万，只要投资有方，从小到大滚雪球，最后仍能为投资者带来巨额效益。

5.投资要想清楚四个问题

选择项目的时候，不应该受世俗观念的约束，但是，也并非随心所欲地胡来。最关键的是，投资前要想清楚四个问题：

(1) 不同的人做同样的事结果是不一样的，有的人只是想试试看，有的人是投机，有的人是下定决心做，动机和目的不一样，结果自然不同。

(2) 卖什么产品不重要，重要的是你跟谁合作，用什么方式去做最关键。生意没有好伙伴，缺乏稳定的客户，都会影响最后的结果。做生意肯定要和特定的人发生业务往来关系，选择合作对象非常重要。

(3) 任何产品进入市场都会有导入期、培育期、成熟期、高潮期和衰退期。通常，进入的最佳时间是培育期，如果到高潮期和衰退期才开始投资，肯定是行不通的。做生意要把握好时机，选择朝阳行业。

(4) 做生意要选择行业，做决定前，必须考虑好赢利的目标，考虑好自己的预期。

【一语妙计】做生意要抛弃面子，想发财要不怕羞，前提是你准确判断决心、伙伴、时机，把这些问题都考虑清楚了，再行动就会水到渠成。

6.生意无禁忌，赢利最重要

做生意不应该有禁忌，不能给自己预先设定行业，这样才能大胆尝试，找到新的赢利点，从夕阳产业中脱身；拓展业务范围，把生意做大。

做生意，最在乎的是能否赚钱。这样才算抓住了商业的本质，找到了做生意的诀窍。何谓生意？它应该具备以下条件：

(1) 有产品出售。

做生意首先要确定经营销售哪些产品。经营、销售的产品可以是进货，也可以是自己制造的产品；可以是有形产品，也可是无形产品，但应该是适销对路的产品。

(2) 赚取利润。

赢利是生存和发展的必要条件。开门营业需要各种开销，盈亏两平，不赔不赚，生意只能在原有基础上简单重复。如果持续性亏损，或者丧失了赢利机会，就只好关门大吉了。

(3) 拥有顾客。

做生意的宗旨就是要造就为数众多的顾主，必须有顾客购买产品。如果顾客太少，公司营业额不足，生意就难以维持。

【一语妙计】刚开始经商的时候，不清楚自己擅长什么，不知道什么最拿手，应该抛弃一切禁忌，用一颗包容的心感受商业世界中的点点滴滴，体察商业世界中的人情冷暖，感悟、把握商业的真谛。

7.小公司要学会野蛮生长

我们已经习惯于为蓬勃发展的公司喝彩，其实，世界上很多优秀的公司都是从痛苦挣扎中一步步走过来的。请牢记：今天很残酷，明天更残酷，后天很美好。对中国民营企业来说，野蛮生长才是最贴切的生存术。

(1) 小公司在夹缝中求生存。

目前，国内市场上国有公司处于垄断地位，规模庞大，占有大量资源。跨国公司掌握着产业链，渗透到地球村的各个角落。民营公司大多是小公司，天生就在激烈的竞争环境中生存，必须与国有资本、跨国公司同场竞技。

(2) 在不完善的市场经济环境中求发展。

比如，1993 年以前没有《中华人民共和国公司法》，那是民营企业的江湖时期；1993~1999 年，初步有了公司的模型；2000 年以后，才进入一个新的创业时期。

在未来的市场竞争中，许多公司仍然要面对不成熟的市场经济环境。为了生存下来，创业者必须经受恶劣环境的磨炼，在野蛮生长中一步步发展壮大。

【一语妙计】黄宏生（香港创维集团前董事局主席）说："(民营) 公司是野生的，要生存下来很辛苦，它没有国有公司那样得天独厚的政府支持，政府最多也就是改善我们的生存环境，最终还要靠我们自己。正因为我们是野生的，一旦生存下来就会有顽强的生命力，所以并不是一阵风雨就能把我们打垮的。"

8.信誉是签订在心上的合同

希望集团总裁刘永好说："一个公司的开始意味着一个良好的信誉的开始，有了信誉，自然就会有财路，这是必须具备的商业道德，就像做人一样，忠诚、有义气。对于自己每说出一句话、做出的每一个承诺，一定要牢牢记在心里，并且一定要能够做到。"

(1) 生意人不要太过于精明。

对于一个商人来说，在与别人合作时，不要过于精明，太精明而不诚信，会招人讨厌，遭人离弃，失去合作伙伴和优秀员工，什么事也做不成。

(2) 重视诺言，会带来利润回报。

商场如战场，充满投机取巧和激烈的竞争，但必须坚持诚信原则，谁先悟出这个道理，谁就先得到；谁违背了它，市场就先惩罚它。对生意人来说，守信才能生存，并赢得利润。

(3) 用真实的行动打动客户。

在与客户合作时，我们必须经受住客户的考察和考验。如果采取坑蒙拐骗的伎俩做生意，这种目光短浅的做法势必让我们有朝一日进退维谷，在商场上失去立足之地。

【一语妙计】世界船王包玉刚说："到商业道德这上头，还是老传统好，要有信誉才行，这里面关系很大。"任何时候，一个人老老实实做生意、讲实话，干事规规矩矩，别人对你就有信心。

9.不追求盲目做大

当公司发展顺利，取得一些成就后，领导者进取心也会增强，但很容易犯好大喜功、急于求成的冒进错误。

在此，我们不得不提醒的是，过于雄心勃勃的发展计划往往使公司在财务上陷入困难的境地，这是许多公司破产的最常见的原因之一。

急切地盼望进入大型公司的行列，无可厚非。不过，管理者在公司做大做强的过程中要防范经营风险。为此，应着重做好下面几点：

(1) 对公司实力、经营者的能力，以及外部市场环境，做出正确的科学的估价，获取能否做大的主客观方面的结论。

(2) 切忌急功近利，被眼前利益牵着鼻子走，要注意积蓄力量，做好扩张或高速发展的准备。

(3) 在并购其他公司时，应该从定性和定量两个方面权衡利弊得失。

(4) 在投入一种扩张行动之前，必须仔细规划总的方针和策略。

(5) 充分注意计划的实施和专有技术，以及其他方面的细节，做到万无一失。

【一语妙计】有些公司获得成功的原因，纯粹是机遇创造了条件。在公司发展过程中，要谨慎前行，注意防范风险，不盲目追求做大。

10.别与大公司对着干

在初期发展阶段，小公司不宜采取与大公司对着干的办法。这一阶段，由于公司规模还小，实力不足，特别需要从自己的实际情况出发，避开市场上大型公司的竞争锋芒，争取在大型公司竞争的缝隙中求生存、求发展。

(1) 与其针锋相对，不如携手并进。

未来的商业世界，成功之道是竞合，而不是竞争。与其和大型公司在市场上针锋相对，不如与其携手并进，甘当大型公司的配角，在相互协作中寻求发挥自身优势的机会。

(2) 做大公司产业链上的一环。

许多大公司为了保持和强化核心业务，使自身更具竞争力，往往只保留最关键的核心业务环节，把自己不擅长或没精力做到最好的环节外包出去。这就为小公司提供了良机，做大公司产业链上的一环，实现共赢。

【一语妙计】在竞合时代，不要对做产业配角产生偏见，产业配角做好了，同样可以成为一流的公司。明确与大公司的配套关系，不但可以为公司的成功营造一个很好的开始，而且可以降低成本和经营风险。

11.从垃圾里面淘金子

三百六十行，行行出状元。哪一行做好了都会赚钱，都有商机。有本事的老板从垃圾里淘金子，靠的是“商者无域”的智慧，靠的是一双慧眼。

(1) 从市场的“边边角角”捕捉商机。

边边角角往往易被人忽视，而这也正是可以利用的空隙。别人认为做不得或不屑做的生意，往往隐藏着极大的机会。因为没有人跟你竞争，所以做起来就稳如泰山。

(2) 从市场供求差异中捕捉商机。

市场供求总是有一定差异的，这些差异就是商机。比如，城市家庭中洗衣机的市场需求总量为 100%，而市场供应量只有 70%，那么，对公司来说就有 30%的市场机会可供选择和开拓。

(3) 从市场竞争对手产品的缺陷中捕捉商机。

研究竞争对手，从中找出其产品的弱点及营销的薄弱环节，也是公司捕捉商机的有效方法之一。找准市场切入点，开发性能更好、价格更低的产品或服务，就能实现赢利的机会。

(4) 从市场的潜在需求中寻找商机。

一般来讲，市场需求具有梯度递升的规律性。因此，创业经营者应具有超前的意识，预测市场的潜在需求，捕捉发展的商机，拓宽新的市场。

【一语妙计】李嘉诚说："精明的商家可以将商业意识渗透到生活的每一件事中去，甚至是一举手一投足。充满商业细胞的商人，赚钱可以是无处不在、无时不在。"

12.胆大心细，赚钱不难

做大事的人没有超人的胆识和魄力是不行的，生意场上更是如此。当然，仅仅有胆量还不够，还必须细心，也就是要懂得把一件看来风险很大的事，放在心中再三权衡，计算利害成分，做到心中有数，从而避免无谓的牺牲。主要有以下几种处理方式：

(1) 情况不明时，保持慎重。

投资涉及大笔资金时，任何微小的疏忽都会造成巨大的损失。当眼前的情形不明朗时，最好的方法是慎重决策、缓步执行。

(2) 真理并非掌握在多数人手中。

靠团体的意见来决策，并不能保证完全正确。所以，我们要经常提醒自己，区分哪些是真实的信息，哪些是虚假信息，正确决策才能保证赚到钱。

(3) 别被美妙的语言迷惑。

对那些动听的商业建议，要有很强的戒心，因为天上不会掉馅儿饼。

(4) 不过分迷信经验。

许多商人如果仍用以前的框框来指导目前的生意，期望从中找到共同之

处，只会使你失去了许多认识新事物、把握其特殊性的机会。

【一语妙计】有的人做生意挣得快，亏得也快，就在于他们完全凭运气赚钱，而非对商业本身运筹的智慧。这种逞匹夫之勇的做法，不能保证长期获利，这样做生意不可能长久。

13.小本生意重在周转快

商品短缺时代，囤积居奇发大财，然而在商品过剩、现金为王的今天，最重要的经营手段就是在产品更新换代之前“快速出手，多多出手”。

(1) 赢在提高周转率。

过去，最有效的赚钱手段是卖高价——提高利润率。今天，最显著的赚钱手段已变成提高周转率。过去利润高但是最终赚钱少，因为卖得少；今天利润低但是最终赚钱多，因为卖得多。

(2) 低价格增加周转速度。

价格战曾经备受责难，但毫无疑问却受到了众多公司热烈的追捧。采用低价策略吸引消费者和客户，是提升周转速度的高招。

(3) 认清不同行业的周转方式。

不同行业有不同的周转方式和周转周期。比如，房地产几年才能交差，保暖内衣以一年为期，你可以提高生产率，降低成本，加快周转；可以提高品牌含金量，刺激购买，实现周转，可以零库存……

【一语妙计】“转=赚”，这是这个时代最重要的商业特征。在这个“快鱼吃慢鱼”的时代，作为带头人必须殚精竭虑、废寝忘食，并为改变资金和商品的周转率而有所作为。

14.公司成长要迈四道梁

一个公司从无到有、从小到大，要经历很多风雨，甚至是生死的考验。其间，当家人必须打起精神，迈过四道梁：

（1）3~5 年入门，通常公司无战略可言，凭经验、直觉，这是公司创业、积累资金阶段，最重要的是生存下来。

（2）8~10 年，这个阶段是组织机构调整，战略管理进步，主要分为区域、资源，地方、成本领先产品，区域差异化，互补类产品，小型服务产品，为大型公司配套产品，季节、节日性产品，微细分市场，品牌经营，连锁经营。

（3）20~35 年“入化”阶段，剩下 12%的公司。这一阶段是创新、引资时期，需要进行二次创业，或者融资，完成新的跃进。

（4）45~55 年成为百年老店，剩下 1%~2%的公司。这个阶段公司面临接班、换代、跨国经营的问题，需要管理者进行更多的战略设计。

【一语妙计】世界上，家族公司的平均寿命是 24 年，中国是 8 年，中小型公司是 2.9 年。严酷的市场竞争，让许多公司还没站稳就倒下去了。这提醒我们，一个公司要变得强壮才能长大，而后才有成就卓越的可能。

15.吃透政策不吃亏

在中国这块土地上创业、开公司，就要学会中国式成长的逻辑。其中，一个重要内容是吃透政策，否则最后倒下了，你都不知道公司是怎么死的。

（1）政策是市场的导向。

在国家政策的变化当中，往往蕴藏着丰富的机遇，而政策就是市场的晴雨表。这就看你能不能在细微的政策变化中寻找到适合自己的商机。

(2) 把握政策走势才可长期获利。

有些人做生意，两耳不闻窗外事，往往生意失败而不知其因。精明的商人经常研究形势变化，分析政府决策动向，然后决定自己的经营目标，决策超前一步，利润颇丰。

(3) 从容面对每一个政策变化。

政策是不稳定的，充满了变数，要成功地抓住机遇，就要高瞻远瞩，走在别人的前头，从而做到先知先觉，达到“春江水暖鸭先知”的境界，从容面对每一个政策变化。

【一语妙计】在中国办企业，不重视宏观经济政策是要吃大亏的。正如正泰集团创始人南存辉所说：“对一个企业来说，政治应该是天，天气好的话，出太阳了，被子霉了可以晒晒呀！外面刮风下大雨，你却拿被子出去，肯定不合时宜嘛。”

16.适时完成角色转换

中国企业有一个非常典型的现象，就是很多的企业家或者创始人比公司还要有名。应该说在中国，企业的英雄现在比比皆是。怎样看待这种现象呢？

(1) 创业阶段需要英雄主义。

在创业阶段，创始人凭借个人魅力带领企业走向成功，有许多好处。而这些企业的英雄，通过英明管理把一个企业带到了一个高度，也是不简单的。

(2) 面对个人英雄主义的挑战。

显然，创始人要对自己头上的头衔保持冷静，不能被外界的赞誉迷惑。

实际上，企业发展到一定阶段，创始人要面临一个严峻的挑战：如何实现由个人英雄到组织英雄。

(3) 主动由个人英雄过渡到组织英雄。

在创业阶段，公司规模还很小，创始人带着大家创造财富。而后发展到一定规模，就必须经营创造一个很好的组织，然后创始人从这个组织退出，这个组织还能保持着持续的发展。这才是一种成功：由个人英雄到组织英雄的转变。

【一语妙计】如果创始人不能完成角色转换，不能建立一种良性的治理。那么，企业始终不会成熟，也很难发展壮大。企业要做大，在各方面引入管理流程，是一个必需的过程。

17.赚钱的三个层次

一位长期研究创业和公司发展的学者，总结了赚钱的三个层次，它们是：

(1) “人找钱”的阶段。

这个阶段是最辛苦最疲劳压力最大的阶段。就像一些人摆地摊，早上5点起床，去进菜，整理菜，遭人白眼，还被城管撵着到处跑。人找钱是生意最基础的阶段，也是必须坚持的阶段。

(2) “钱找人”的阶段。

这个阶段是在第一个阶段的基础上，创造了一定的信誉和客户，就像有的人从摆地摊到搬进大市场，因为有一些老主顾的帮衬，生意相对比较好做了，成功的机会也就更大了，许多商人都处于这个阶段。

(3) “钱找钱”的阶段。

这个阶段是在有极大资金积累的情况下，用剩余资金或者运作资金投资的阶段。比如李嘉诚的几次对上市公司的并购。这个阶段是公司壮大后的资本运作，不是小公司可为的。

【一语妙计】同样是商人，境界却不一样。有的人赚小钱，有的人赚大钱，根本原因在于对商道的体会和把握程度不同。生意不分大小，要在先把小生意做好的基础上，再去尝试做大生意，建立自己的商业优势。

18.跌倒了，再爬起来

做生意，有赚有赔，难名有失利的时候。关键是，你不能害怕犯错，更不能犯同样的错误，至少要减少犯同样的错误，这样才能减少跌倒的概率。

（1）做生意前分析可能会遇到的情况。想想自己以前遇到同样的问题时，最好的解决办法是什么。

（2）问问别人遇到同样问题时的解决办法。经常犯错怎么办？问问周围做生意的人，虚心请教，你会有更多收获。

（3）回想以前经商是否犯过相同的错误。想想自己之前遇到同样的错误是怎么处理的，有助于告诫自己不要再犯同样的错误。

（4）做生意要长记性。成功的人所犯的错误一点不比失败的人少，只是他们少犯同样的错误。

（5）记下有关整个事件的认识和想法。“吃一堑，长一智”，联想以前犯过的同样错误，把关于类似事件的想法和主意记下来。

（6）总结成功经营的经验。要注意总结，善于总结，成功的经验多了，走弯路的机会就少了，就会不犯或少犯同样的错误。

【一语妙计】失败一旦降临到头上，千万不要灰心丧气，要充满希望，有盼头。但凡成功者都深知这一点：失败是暂时的，只要成功的愿望强烈、毅力坚定，一定能把乾坤扭转，转败为胜。

19.二次创业的四个转变

中国民营企业的发展一般都会经历两个阶段：创业阶段和二次创业阶段。创业阶段，靠的是创始人的眼光、胆识和魄力。但是，当企业发展到一定规模，这种管理模式就会面临前所未有的挑战。在二次创业中，只有完成四个转变，才可以持续发展。

（1）由点到面的转变。

在第一次创业阶段，凭的是创始人这个点，由这个点的魅力聚拢了一批志同道合的创业元老，形成了一个同心圆，奠定成功的基础。但是，在二次创业阶段，这种“个人牵引”就需要淡化，引进职业化管理体系，来规范企业的内部管理，提高管理效率。

（2）从业务增长拉动向管理效益驱动转变。

创业初期，业绩和效益是第一目标，企业的发展主要靠业务的增长来拉动。但是在二次创业中，只有进行管理升级，企业才能快速扩张实现业绩与利润的同步增长。

（3）从个人决策向智慧决策转变。

在企业规模小的时候，依靠创始人个人的眼光和胆略进行决策是必要的和可行的，但是当企业变成一个大公司时，进行智慧决策，围绕着企业的使命、愿景与价值观决定去留才是成功的正道。

（4）从生意人向企业家转变。

生意人与企业家的区别可以用一句话来形容，那就是“小胜靠智，大胜靠德”。生意人想得更多的是钱袋子，而企业家则需要考虑社会责任。

【一语妙计】创业没有止境，当二次创业来临时，管理者要顺势而为，主动进行一场思想、管理、决策上的大转变，带领企业实现质的飞跃，完成由强到大的转身。

20.有一种胜利叫撤退

在自己的经营史上，日本经营之神松下幸之助曾有过数次的撤退。他说：“这就像拳击比赛一样，收回拳是为了更好地出击。商场如战场，有进有退。不成功决不罢休固然是真理，但敢于撤退才是伟大的将军。”

做好这一点，必须把握好两个细节：

(1) 在行业衰退的初期进行撤退。

这种战略是基于这样一个前提，即公司在衰退初期就将其卖掉，还能够最大限度地获得净投资额的回收。

(2) 考虑将公司的资产转售给竞争对手。

迅速放弃战略会迫使公司面临诸如形象及相互关系之类的退出障碍，如果公司能够运用某种私人标牌战略或将产品出售给竞争对手，也许能缓解其中某些问题。

【一语妙计】瑞士军事理论家菲米尼说：“一次良好的撤退，应和一次伟大的胜利一样受到奖赏。”要做到进退有方，就必须戒贪，不能一味追求利益。

公司做强研究

——如何把民营公司做大、做强、做精、做久

第二章
战略之道：
找对方向才容易做大、做强、做优

如果说昨天还能“摸着石头过河”，依靠老板的自我摸索逐渐从蝌蚪变成青蛙的话，今天肯定不行了，时间不允许，机会也不存在了。在投资之前，老板必须想清楚企业做什么、怎么做、凭什么做。

公司要发展，必须有清晰的、专注的战略，不能盲目地向前冲。很多公司赚了钱以后，战略模糊了，结果必然导致下面的人跟着失去了前进方向。战略清晰，才能找对方向，才能把企业做大、做强、做优。

战略语录

“不幸的是，往往在出现失败的时候，人们才会想起对战略的关注。我想真正的挑战是怎么让人们更重视战略，甚至在没有出现危机的时候。”

——迈克尔·波特（战略管理大师）

“领导人最重要的任务就是想未来、规划未来，董事长应该花75%的时间想未来，领导人应该花50%的时间想，副领导人应该花25%的时间想。领导人应该不断给经理人出问题，逼他们想公司的未来。”

——张忠谋（台湾积体电路公司创始人）

“我们很多资源是很巧合地组织在一起的，就像金庸的小说，一个人的武功练到一定程度，是有很多机会结合在一起的。”

——马云 （阿里巴巴创始人）

1.没有战略将死在今晚

没有明确的方向和目标是很危险的，稍有不慎可能死在今晚。这就要求企业管理者拓宽思路，尝试进行战略管理。

(1) 战略是以公司未来发展为基点，战略是公司的定位选择，解决了战略问题，也就解决了“我是谁”“我现在在哪里”“我要往哪里去”这些方向性问题。

(2) 从业务管理向战略管理转变，不能只埋头拉车不抬头看路。要从机会思考向战略思考转变，不能再迷恋和期待一次机会的得失，而应注重长远发展的成功。

(3) 重新审视自己所处的行业环境和发展趋势，看看是朝阳产业还是夕阳产业，是限制性产业还是非限制性产业，是完全竞争、不完全竞争还是寡头垄断。

(4) 找出自己与竞争对手的比较优势和劣势，在环境变化的威胁与不确定性中发现并抓住成功的机会。

(5) 战略一经确定不能朝令夕改，但必须注意战略的适应性和灵活性，防止战略捆住自己的手脚，扼杀公司的创新活力。

(6) 规模过小的公司，你可以不制定战略，但至少也应该制订一个 3~5 年的商业计划。

【一语妙计】台湾积体电路公司创始人张忠谋说过这样一句话：“领导人最重要的任务就是想未来、规划未来，董事长应该花 75%的时间想未来，领导人应该花 50%的时间想，副领导人应该花 25%的时间想。领导人应该不断给经理人出问题，逼他们想公司的未来。”

2.老板要对战略负责

在中国，“战略”一词历史久远，“战”指战争，“略”指谋略。今天，“战略”一词被引申到政治、经济等领域，泛指统领性、全局性、影响胜败的谋略、方案和对策。

现代企业战略管理源于西方，是指企业为谋求长期生存和发展，在对外部环境和内部资源条件分析研究的基础上，对企业的目标、经营方向、重大经营方针、实施步骤做出总体性的谋划。

美国管理科学院工商政策与战略分部认为，战略管理主要集中于老板的角色及其遇到的管理问题，包括八个方面的内容：

(1) 战略制定与实施。

(2) 战略计划与决策过程。

(3) 战略控制与激励。

(4) 资源分配。

(5) 多角化与业务组合战略。

(6) 竞争战略。

(7) 管理者的遴选及其行为。

(8) 高级管理层的组成过程及状况。

【一语妙计】战略管理大师迈克尔·波特认为，一项有效的战略管理必须具备五项关键点：独特的价值取向、为客户精心设计的价值链、清晰的取舍、互动性、持久性。老板必须深刻理解战略、准确把握战略，对企业战略负起责任。

3.做好未来三五年的事

与企业日常的管理工作相比，战略无疑是宏大的。但是，宏大并不代表模糊、空洞。实际上，有效、高附加值的战略是具体的，是在总结发展经验的基础上制定出来的。

（1）抛弃大而无当的战略设计。

有一位管理学教授忠告某企业家："一个企业如果想做大，至少要想好几十年，甚至上百年的战略规划。"这种指点江山的气概，的确很宏大；但是这样指导企业进行战略规划，明显是一种大而无当的忽悠，不具备参考价值。

（2）卓越的公司并非一开始就建立宏伟的战略。

"要想好几十年，甚至上百年的战略规划"，类似的想法，其实是一个毫无科学依据的伪命题。詹姆斯·科林斯和杰里·波拉斯在他们的伟大著作《基业常青》中有一个著名的研究结论：卓越的公司并不是一开始就建立了"伟大的构想"。

（3）瞄准未来三五年的市场前景。

哈佛商学院的约翰·文图拉教授，在对61209家失败企业研究之后，得出一个数据：有50.7%左右的企业寿命最多只能够持续5年时间；而持续10年以上的只有24.7%。制定战略的时候，瞄准未来三五年，能够做好、做到位，就很不错了。

【一语妙计】做企业必须脚踏实地，踏踏实实走好每一步。制定发展战略，也需要求实精神，立足于企业发展实际、结合自身成长规律，进行科学预测、分析。立足于实际、立足于现在，企业的未来才是可以触摸的。

4.对很多机会说“不”

有的经营者踌躇满志，给自己设定很大的目标，去挑战强势的竞争对手。结果，三天两头失败，最后没了自信，做其他事情也放不开手脚了。

由此可见，制定战略务必对眼前的机会说“不”，做自己想做和该做的事，才是最根本的一点。这需要管理者深谋远虑，在整个市场环境中寻找自己的位置：

(1) 要看清楚自己所处的市场环境。

市场大环境决定企业这个小环境。管理者首先要看看企业擅长做什么、能够做什么，然后再瞄准市场大环境。

(2) 要弄明白眼下消费潮流的走向。

比如，饮料等一次性消耗品的市场优势在于：人们前一次的消费几乎不影响后来的消费，市场时时存在，并随着收入水平的增长而逐步扩大。而家电类等耐用品，就比前者呈现市场劣势，在人口没有重大增长的相对静态的条件下，市场容量会日益变小，这也是影响企业战略决策的一个重要因素。

(3) 预测出未来5年所属行业的发展趋势。

什么事能做，什么事不能做；什么事擅长，什么事不擅长；什么事有利，什么事不利，在此基础上，再进行选择，企业才能真正发挥自己的优势，形成竞争力。

【一语妙计】许多人做事一窝蜂，制定战略也喜欢凑热闹，结果盲目地把企业带上了绝路。面对各种热潮，面对眼前赢利的诱惑，经营者必须学会舍弃，做自己该做的事。马云说：“一个行业注意它的人越少，就越有发展的前景。别人不注意它，你注意了，你就是有眼光的。”

5.走出战略认识的误区

关于战略的定义有很多，各自描述的角度也不尽相同。与其冥思苦想到底什么是战略，不妨反过来想一想，我们该如何走出战略认识的误区。

（1）战略可以消除企业风险。

战略的价值在于：当风险真正来临的时候，你和你的企业已做好了准备。所以，成功的战略规划，不是用来消除风险的，而是提高企业承担和抵御更大风险的能力，进而获取更大的利润。

（2）战略是明天的决策。

战略不是告诉我们“明天应该做什么”，而是告诉我们“今天必须为不确定的明天做什么”。战略不是说“明天会发生什么”，而是说“目前的思想和行动必须包括怎样的未来性”。

（3）战略能够量化，具有操作性。

战略是分析和判断，本身不能量化，但目标和计划必须量化。也就是说，战略本身没有操作性，但战略管理的方法具有操作性。明确了这一点，实际上已经掌握了战略实现的一般方法。

【一语妙计】战略是很实在的东西，不是虚无缥缈的，也不能因为现在很忙，就可以等到明天再说，因为，你今天所做的所有事情，都几乎构成了未来命运的一部分。

6.少就是多，小就是大

企业无论规模大小，都需要战略，这一点是毋庸置疑的。因此，战略的要点可以用八个字来概括，那就是“少就是多”和“小就是大”。

(1) “少就是多”：用最少的资源获取最多的利润。

战略是制胜的艺术，对企业管理者来说，就是要用最少的资源获取最多的利润。套用“二八法则”来说，即如果用20%的资源去做更多的事，你实际会得到那更多的80%。能做好这一点，那么就是战略的胜利。

(2) “小就是大”：大企业要有小企业的敬业精神。

企业做到一定程度，通常会进行外部扩张。那么，其中的诀窍何在呢？其实很简单，企业做大实际上是二次创业，管理者可以在管理上把大企业分散成一个个独立的小企业，有专人负责，从而实现“扁平化”管理，使之各自能专注于自己的核心能力，从而保证整个企业的竞争力。

【一语妙计】表面看来，战略是方向问题，实际上它解决的仍然是企业资源利用问题。只不过，战略考虑的是如何在未来市场格局中占据有利位置，能够用最少的资源产生最大的效益。这是理解战略的一个关键点。

7.战略管理的四大特征

战略管理广泛应用于市场营销、融资和财务、生产和操作、开发和研究等方面，目的是保证企业目标的实现。概括起来，战略管理具有以下四个特征：

(1) 系统性。

战略管理包括三大阶段：战略设计、战略实施、战略评估。三个阶段相辅相成，融为一体。其中，战略设计是战略实施的基础，战略实施又是战略评估的依据，而战略评估反过来又为战略设计和战略实施提供经验和教训。

(2) 稳定性。

在时间上，战略有一定的超前性。但是，在实际管理过程中，战略必须保持稳定性，不能朝令夕改，否则会使企业的经营和管理发生混乱，带来不必要的损失。

(3) 艺术性。

有的战略设计非常好，然而由于人际关系协调不周，战略实施环节大打折扣，最终虎头蛇尾。这就要求管理者拿捏好分寸、把握好人心，使其操作更具艺术性。

(4) 科学性。

一个企业的实力再强，它的资源也是有限的，这就要求管理者在制定战略、实施战略的时候，从科学准确的角度提出行动方案，并达到最佳效益。

【一语妙计】随着信息技术的不断发展，战略管理的决策更加依赖于信息来源的准确性，这直接影响到战略实施及其效果。管理者必须重视信息情报的搜集和整理，提高战略管理的质量。

8.先做强，才会真正做大

在新的竞争形势下，无论是新建的公司，还是已有一定规模的公司，或是准备并购、组合、上市的精英公司，都必须强字当头，以强为主，制定做强的长期发展战略。

(1) 强是基础，强是目的。

“先做强，后做大”，这是被无数商业实践反复证明的一个真理。强是基础，强是目的，没有强做不了大，做大的最终目的也是为了做强。

(2) “大而不强”是虚胖，难以持久。

许多公司有着庞大的营业额，但是仔细计算，利润却很低。这样的公司大而不强，是“虚胖”，“虚胖”的公司难以做强、做久。

(3) 在做强的基础上做大，才有意义。

进世界500强是许多企业的梦想。还有一些企业过分注重规模，忽视了强化管理、质量、服务，结果遇到市场上的风吹草动就撑不住了。这种做大，没有意义。

【一语妙计】国际、国内的经验告诉我们，公司光有规模的扩张，没有根基的强壮是不可靠的。因此，首先是做强，在强的同时，再考虑做大的问题。

9.做大公司的配套伙伴

(1) 重新认识与大公司的关系。

在中小公司与大公司之间的关系上，许多人认为二者是“大鱼吃小鱼”。但是，随着世界经济的发展，营销观念也发生了变化，合作成为主流。小公司完全可以找准定位，与大公司合作，在与巨人同行的过程中发展壮大。

(2) 与大公司合作是现实的选择。

与大公司建立适当的合作关系，做大公司的配套伙伴，是许多小公司做强的一条通道。

(3) 找准定位，与大公司共赢。

深圳市锐博现代网络设备有限公司董事长杜光东说：“在现阶段，握有较多发明和专利的中小公司一个较好出路是与大公司结合，充分利用大公司的资金、管理经验和社会资源，形成大公司+小公司=双赢的局面。”

(4) 关注大公司的诚信度。

在具体合作中，小公司面对的最大挑战恐怕还是诚信问题。对此，小公司的管理者在决策的时候一定要慎重，诚信是最关键的。

【一语妙计】在现代商业世界里，一些小公司与大公司建立特定的合作关系，为大公司做配套服务，能极大地增强自己的竞争力，真正把自己做强。

10.用定位实现战略差异

企业面对庞大的市场，以及众多竞争对手，如果无法建立战略差异，显然会使自己的生存雪上加霜。为此，不妨抓好下面两点：

(1) 战略差异，就是竞争优势。

建功立业，一定要有战略。但是，光有战略还不够，企业要想脱颖而出，要么实施战略差异化，要么在战略上快人一步；反之，亦步亦趋，随波逐流，只能在羊群中迷失自我，成为狼群的猎物。

(2) 实现从战略趋同向战略差异的转变。

以我国的制药业为例，这个行业一度存在同质为主的模式：产品以做仿制药为主，营销以灰色促销为主，传播以广告战为主，管理以粗放式为主，资本运作以做大为主……在今天的市场环境下，如果不改变，不实施战略差异化，势必被扫地出门。

【一语妙计】迈克尔·波特认为：战略的核心是定位、整合，创造竞争优势，最终使自身与众不同、独一无二。无论是创业者，还是有一定规模的企业，都要尽快建立自己的差异化战略，才能在未来的市场竞争中生存下来。

11.战略要与文化匹配

全世界所有成功企业的实践证明：企业要能够持续经营并获取最大成功，战略和文化一个都不能少。那么，战略与文化的关系究竟如何匹配呢？

(1) 硬战略、软文化，你中有我。

战略如果没有文化的支撑，就缺乏精神与灵魂，企业很难长久发展；文化如果没有战略的引导，也就成了无源之水。缺乏目标和追求，动力很难持久。也就是说，战略必须与文化高度协调，才能让战略顺利实施。

(2) 战略是河堤，文化是河水。

战略是硬性的，犹如河堤，有了坚固的河堤，企业就能够在战略的引导下汇聚起强大的力量。而文化是一种心理契约，它的特性像河水，柔软而呈现流动性。河水有时候也会咆哮，甚至导致决堤。因此，一定要建设良性的企业文化，及时消除文化中的不良因素，使企业战略坚固而持久地实施。

(3) 企业文化要在细微处支撑战略。

格兰仕的一个研发小组研究的一个项目没有通过，按照规定是不能奖励的。但是，老板单独请这个小组成员吃了一顿饭，既没有突破公司制度，又对大家给予了安慰和鼓励。这种企业文化，就是对企业战略的一种支持。

【一语妙计】企业文化对战略的支撑，最终是要通过领导、员工的身体力行来实现，因此大家都多想一些、多付出一些，就会形成好的文化。

12.跟态势，看形势，做趋势

生意有大有小，经营的战略就不一样。概括起来，一个基本的原则是：大生意做趋势，中生意看形势，小生意看态势。

(1) 大生意做趋势。

做趋势如同雨前建塘，掌握将来的发展，做短时间内没有竞争的产品，因为最具竞争力的产品是没有竞争的产品。这种生意投资大、风险大，但是收获也大。

(2) 中生意看形势。

形势，就是未来一段时间内的情形、走势。形势变了，生意也要跟着变。看形势能及时地把握时事的动向，抢占先机。

(3) 小生意看态势。

小生意看的是常态，你做我也做。对刚创业的人来说，去市场上走走、转转，看看大家在做什么，你也跟着做，就能把生意做下来。

【一语妙计】从态势、形势到趋势，反映了生意随着大小不同会有不同的思路。对此，香港首富李嘉诚说："我的成功之道是：肯用心思去思考未来，当然成功的概率较失败的多，且能抓到重大趋势，赚得巨利，便成大赢家。"

13.不迷信专家顾问团

企业遇到发展瓶颈，聘请咨询公司和咨询专家，提供智力上的支持是很有必要的。但是，经营者不应该迷信他们，必须在战略上有自己的主见，有自己的清晰定位，避免大而无当的建议。

(1) 专家的话不一定全对。

对于权威的话或专家的话，我们很容易相信。关键是——现在的专家太杂了，专家群体里有的是真专家，有的是沽名钓誉的假专家。

(2) 专家的话未必全部公正客观。

不管是真专家还是假专家，出于主观和客观的原因，有时会说出不是他们真实看法的话。对此，决策者都要看清楚、想明白。

(3) 对专家的话要将信将疑。

对专家，不能一点不信，也不能一点不疑。说得通俗一点，对专家的话要"将信将疑"、有所保留，更能获得有价值的信息，形成公允的判断。

【一语妙计】管理者进行战略规划并不难，只要对公司的历史加以考察和总结，在此基础上去粗取精、探索规律，并把握市场发展的大环境，就能明确未来的发展方向，进而总结出竞争取胜的根本之道。

14.领先战略与跟随战略

(1) 领先战略：用独特性超越对手。

企业如何找到独一无二的战略，使自己脱颖而出呢？竞争战略大师波特是这样说的："在我看来竞争必须有一个很好的战略，其实竞争并不是要成为最佳，而在于你要具有独特性。"

从战略角度来说，竞争有多种方面，作为一个企业，你不是要找出唯一的灵丹妙药，而是要寻找一种适合你的方法，使你做到在业界与众不同。这就是"领先战略"。在这方面，最有代表性的例证就是微软。

(2) 跟随战略：屡试不爽的"老二哲学"。

实力相对较弱的企业，为了尽快赶上领先的企业，经常采取"跟随战略"，选择一个跟随对象，然后在产品、定价、甚至包装等方面模仿领先企业。这是弱势企业避免被领先企业甩开的好战略。

1999年，当蒙牛创业的时候，强大的对手伊利已经占据了优势地位。势单力薄的后来者要创名牌谈何容易？当时，蒙牛的领军人物牛根生提出了创立"内蒙古乳业第二品牌"的口号，把乳业老大伊利作为自己的学习榜样，在跟随中成长。结果，蒙牛成功了。

【一语妙计】 领先也好，跟随也罢，都是手段，是策略，其根本目的是实现企业发展目标。因此，在进行战略定位的时候，管理者一定要根据企业实际灵活应变，而不能拘泥于形式。

15.焦点战略与阶梯战略

(1) 焦点战略：注意力就是财富。

如果能使代表自己公司的一个词汇深深植入人们的头脑中，那么这个公司就可能非常成功。比如：宝马——驾驶；沃尔沃——安全。公司通过将自己的业务或者特点浓缩成一个词汇，这个词汇就成为了焦点。一旦某个词汇在人们的头脑中扎根，要改变它将是一件非常困难的事情。这就是焦点战略独特的地方。

(2) 阶梯战略：不光看到一，还要看到二三。

不能在市场上占据第一，并不意味着最终的失败。因为人们做出购买决定时，头脑中总有一个产品次序。如果产品 X、Y、Z 分别对应同一类型市场的第一、第二和第三的话，那么市场占有率通常在 4:2:1 左右。

只要找准自己的位置，找到适合自己发展的道路，远远比做所谓的行业老大实惠得多。更重要的是，企业采用阶梯战略，能够踏踏实实走好每一步，从而为做大做强奠定坚实的基础，这又是一种经营智慧。

【一语妙计】今天的市场竞争进入了争夺眼球的时代，注意力经济应运而生。企业经营者首先要学会聚焦客户的眼球，把眼光变成财富。如果成不了聚光灯下的焦点，那么就要采取阶梯战略，做细分市场上的胜利者。

16.一元战略与多元战略

(1) 一元战略：做专、做深、做精。

一元战略，即单一化发展，它有利于公司集中精力把自己的业务做专、做深、做精，集中全部的资金、精力和智能，专攻某一领域，容易在市场上站稳脚跟，也容易积累经验，形成强大的竞争力。

(2) 多元战略：做大、做强、做优。

多元战略，即多元化经营，它可以避免公司风险。俗话说船小好掉头，船大尽管不容易掉头，但也不容易沉没。公司经营的范围越广，它承受市场冲击的能力也越大。发展多样化经营的另外一个好处是可以大量培养各方面的人才，有利于公司的成长。正是鉴于此，许多大的公司集团，普遍采取一业为主、多方经营的方式。

【一语妙计】对于那些希望能够在多个业务领域有所作为的企业家来说，把握多元化节奏是个关键命题。任何不顾及自身资源和实力冒进的做法都是十分危险的，这对于普遍抗风险能力较弱的中国企业来说尤其如此。

17.战略坚持与战略调整

(1) 坚持成就卓越。

从企业长远发展的角度来看，战略坚持是很重要的。许多时候，是坚持成就了卓越。这对于那些经营单一业务的企业来说，坚守既定的战略有很强的指导意义。

(2) 战略调整的必要性。

对多元化企业来说，在战略坚持之外，进行战略调整就显得更为重要。因为多元化经营的企业如果不能通过战略调整切断那些亏损业务，这些亏损业务就会像癌细胞一样迅速扩散，最终蔓延至所有业务，最终企业即使扭转局面转危为安，健康业务也会因此而受到牵连和影响。

【一语妙计】战略坚持、战略调整是相对的，也是互补的。对管理者来说，要对自身的业务进行定期评估，随着行业的发展不断修正自己的研判，从而实现基业常青的目标。

18.跨越战略与渐进战略

（1）在跨越式发展中成长。

跨越式发展是许多公司梦寐以求的，也被很多公司作为战略指导思想载入公司规划中。跨越式发展具有很多优点，其根本意义在于，借助跨越式发展可以摆脱困境，在“重新洗牌”中，获得优势竞争地位。因此，在有新的技术、产业和市场机会的条件下，公司要争取抓住机遇，实现跨越。

（2）渐进战略助企业做实、做精。

公司需要审时度势，一方面紧盯事态变化，及时跨越而不要落伍；另一方面，又要从当前着手，循序渐进，改进现有产品，进行技术积累，为跨越式发展做好准备。

【一语妙计】阿里巴巴创始人马云说：“我们很多资源是很巧合地组织在一起的，就像金庸的小说，一个人的武功练到一定程度，是有很多机会结合在一起的。”跨越战略是渐进战略的提升，而渐进战略为企业跨越提供基础，二者是相辅相成的。

19.成熟行业的战略隐患

（1）感觉的陷阱。

成熟行业中的公司会因为稳固的运营，对自身形成静止的认识，忽略了发展中的问题，最后，极大地增加了战略隐患。

（2）现金隐患。

一个成熟的、增长缓慢的行业内，认为加大投入能够提高市场占有率，是极其危险的。因此，处于成熟阶段的公司可能在现金方面存在隐患。

(3) 生产能力过剩。

只要生产能力过剩存在，就会对生产能力的使用造成一些微妙而又敏感的压力，迫使一家公司处于中间地位，而不是维持一种目标更集中的方法。

(4) 为了短期利润而放弃市场占有率。

在成熟的行业内，如果规模经济具有重大意义的话，那么在过渡时期不愿意去接受那些较低的利润，就可能是严重的目光短浅行为。

(5) 对行业惯例的不合理的反应。

行业惯例的变化，诸如营销技术、生产方法以及经销合同性质之类的变化，往往是不可避免的。它们对于行业的长期潜力来说可能是重要的，但公司往往会对这些变化不适应，从而影响发展。

【一语妙计】奥康集团董事长兼总裁王振滔说：“做企业一定要有思路。做企业的人，思维一定要敏锐，要活跃。”如果公司身处一个成熟的行业，那么经营者务必要提高对市场的警觉性，防止因为忽视战略隐患而蒙受巨大损失。

20.大势不好，未必你不好

互联网刚兴起的时候并不被看好。在大势不明朗的情况下，张朝阳等人用自己的智慧成就了互联网的繁荣时代：公司规模迅速扩张，并成功上市。

但物极必反，随之而来的是“互联网的冬天”。但就是在这个冬天里，另一些公司却实现了事业的强势转折。阿里巴巴的马云甚至扬言：“让互联网的冬天更长一些吧。”

大势不好，许多人会调整战略，这无可厚非。但是，眼前的形势不好，未必意味着你的企业也不好。因此，对形势的认识和把握，我们还需从战略高度来认识。

(1) 盲目追捧和投资。

许多人只是听说某行业很赚钱，就盲目跟风，导致到最后市场不但饱和，而且都把产品做滥了，所以死了一大批公司。

(2) 业界的浮躁。

这导致一种新理念兴起而盲目跟风，最后导致垮掉。举个例子，一个城市突然冒出上万家××店，而且卖的东西都大同小异，严重供过于求，到最后，能不死掉一批吗？

【一语妙计】 大势不好，一大批公司死掉，不但不是冬天的来临，反而有利于行业的良性发展。正是这些公司的死掉，结束了行业浮夸成风、鱼龙混杂的局面，能活下来的都是比较有实力的，市场秩序也会更好一些。

公司做强研究

——如何把民营公司做大、做强、做精、做久

第三章
管理之道：
管理好，公司兴；管理乱，公司衰

中国有句老话，叫作“春生，夏长，秋收，冬藏”，说的是世间万物的发展总是在“生长”与“收藏”间相互交替。企业的发展也是如此，只重业务（生长）而轻管理（收藏），必然刚站起来又很快倒下去，甚至被市场迅速淘汰掉。

如何管理企业，是做大做强的一个关键。成功的大企业规模很大，但管理也很细。有些企业则不是这样，管理粗放。企业小的时候可以过得去，大了就不行了，只能做大，而不能做强。一遇到风吹草动，就难以为继。

穆尔先生（WTO前总干事）：“中国企业的管理相当于30年前的日本，100年前的英国。”抓管理，要效益，求发展，这是许多中国企业面临的重大课题。

管理语录

管理是实践的，不是理论的。管理者学得再好的理论，如果不能实际运用，也会无济于事。工作中，管理者可以有许多想法，但是真正付诸实施的决策，只能独一无二，这是管理者的最大难题。

——曾仕强（中国式管理之父）

我未曾学过“科学管理”，但从打瞌睡这件事使我体悟到，所谓“科学管理”，不过是“合理的管理”罢了。做事跟做人一样，必须求合理，方能得到事半功倍的效果。

——吴修齐（台南纺织公司）

西方发达资本主义国家公司管理工作中的“管”与“理”，普遍遵照的是20%:80%的比例，这与中国公司管理中的“管”与“理”，大多为80%:20%的比例恰好颠倒。

——胡鞍钢（著名经济学家）

1.中国企业管理的弊端

WTO 前总干事穆尔先生说，中国企业的管理相当于 30 年前的日本，100 年前的英国。导致中国企业管理落后最要命的弊病有哪些呢？

(1) 人性化致命。

一直以来我们宣扬的人性化，其实在某种程度上害了中国企业，成为中国企业的致命伤。

(2) 轻视管理方法。

中国企业认为管理主要靠经验和实践，轻视先进管理工具和方法对实践的指导作用。导致企业管理效率不高、绩效不佳。

(3) 领导三拍。

有人形容中国企业的领导“三拍”搞垮企业：拍脑袋决策，拍大腿后悔，拍屁股走人！

(4) 基础不扎实。

基础管理好比是蹲马步。中国企业的管理的基础还没有做好，甚至连经理人自身的岗位职责，要做什么事都说不清楚。

(5) 质量胆小鬼。

日本在质量管理方面下了很大功夫，在餐厅、家庭等场合搞全民质量管理。可是中国的企业在质量管理面前却是胆小鬼。

【一语妙计】民营企业的问题是管理者的素质问题。国有企业过分民主，民营企业过分专制。总之，创业者要在自己身上找问题，才能真正带领团队走出困境。

2.向管理要效益

只要看一看迪斯尼、沃尔玛和可口可乐，就会明白“管理”在公司发展中是多么重要了。这些成功的跨国公司并没有什么高新技术，也并不像普通人想象的那么复杂，但是他们的经营策略却处处创造奇迹，而且没有几家公司能复制他们的成功。

（1）管理是公司永恒的主题。

在经历了“广告大战”“公关大战”“降价大战”等竞争的浮躁之后，领导者发现，硝烟散去才感到无序的竞争给公司带来的是费用的损耗，对公司长远发展并没有实际意义。于是，领导者不得不回到经营的本质——提高经营水平，向管理要效益。

（2）向管理要效益。

我国中小型公司的生存环境越来越严峻，各种竞争压力越来越大。显然，20世纪80年代“胆子时代”的辉煌，90年代“点子时代”的成功，都无法成为21世纪“脑子时代”炫耀的资本。不断提高经营水平，向管理要效益，把公司做精，已经成为经理人的共识。

（3）管理强，公司才有竞争力。

据统计，生产中有50%的效益来自管理，技术中有80%的效益来自管理，可见管理的重要性。因此，要把公司做强，必须十分重视内部的改革和管理，全面提高公司的活力和竞争力。

【一语妙计】管理跟上了、到位了，经营水平提高了，就看得到效益，就能提升公司的竞争力。提高经营水平，向管理要效益，这是经营者的职责所在。

3.理解管理的七大属性

管理，有七大属性：

(1) 管理首先是一种思维方法，一种全体员工的共识。就是不唯上，不是人治，而是法治，靠制度办事。

(2) 管理是一种规划，不是临时抱佛脚。没有事先的计划，工作绝不可能有条不紊。

(3) 管理是一种分工，分工就要授权，各负其责。

(4) 管理是一种秩序、一种流程、一种手续，不能省略，不能以简化管理为借口。

(5) 管理是一种技术，要讲究方法，善于利用科技、软件、工具来提高管理水平。

(6) 管理是一种标准。衡量工作绩效，需要客观的标准。好比放一个东西，要明确放哪里、怎么放、谁来放。

(7) 管理是一种服务，从上到下要有一种服务意识，整体的效率和效益才能提升。

【一语妙计】管理没有什么固定的或最优的模式，一切必须结合企业自身的环境和文化，不可能简单模仿别人的成功经验。

4.总经理要有三种管理精神

不管是大企业还是小企业，都需要在自己的领域里成为赢家，建立竞争优势。为此，老板在管理上要有三种精神。

（1）尊重人。

许多老板精明能干、聪颖过人，很快把企业做起来了。可是，这种成功不能持久，因为他们都有一个共同的弱点，即管理上的欠缺、思维上的欠缺，对他人缺乏尊重。这是中国很多小企业始终不能做大或者成长缓慢的一个原因。

（2）让管理亲和于人。

让管理亲和于人，让管理者与员工心理距离缩短，让管理者与员工彼此间在无拘束的交流中互相激发灵感、热情和信任，这样的理念在世界级企业家的心中越来越成为共识。

（3）容忍不同思维。

IBM 大中华区董事长及首席执行总裁周伟说："作为一位高级主管，你如果不能容人，你只喜欢提拔那些想法、做法和你一致的人，就会在你的周围聚集一批与你的思维相似的人，那时，你这个主管就很危险了。"

【一语妙计】对待你的职工一定要很诚实，要有一致性，不能朝令夕改。诚心相待，才能与员工心心相印，只有在这种情况下，他们才会跟着你走。

5.不要错把管理当经营

一定不要错把管理当经营，管理很重要，但经营更重要。对于擅长管理而经营能力有待提高的老板，我们给出五条建议：

（1）拿出一定的时间到市场上转转，同顾客聊天，向专家求教，向竞争者和行业标杆学习，要记住："办公室是你进行经营决策最危险的地方。"

（2）找准你的目标顾客和市场定位，而后再采取对策才是有价值的。

（3）市场直觉要加上科学的市场调查分析与预测，不能再以自己的感觉来做决定。

（4）关注产品质量与功能改进和创新，更要关注与之相适应的服务创新。在为顾客创造物质价值的同时，还要为顾客创造精神和心理价值。

（5）注意目标顾客消费习惯、生活方式和认知空间的改变，与时俱进，创新经营。

【一语妙计】不少创业者凭着过人的聪慧和胆识，抓住了机遇，成功地掘取了“第一桶金”。但随着市场竞争的加剧，原来的市场直觉没有了，公司陷入困境。对此，经营者应该修炼经营的智慧，在商业直觉和理性决策的平衡点上找准大势。

6.做好每周应做的事

千里之行，始于足下。管理工作是具体的，再伟大的商业计划也要从头起步，对管理者来说，每周有以下几项工作要做：

（1）总结本周的工作结果，确认下周的工作。

这是把管理者每天应做的工作加以确认和掌握的一种方法，在每周末对该周的工作成果和进度状况进行分析与判断，然后再确认第二周以后的工作计划。

（2）对业务管理的自我检查表进行评分和反省。

自我检查表中要记载两个方面的内容：一个是对自己的工作能力和经验进行估价的结构；另一个是管理者本身存在的问题和应该克服的缺点，要针对上述内容，每周进行一次自我检查和反省。

（3）对于引人注目的工作写出评价记录，根据需要进行引导和指示。

每周要对部下工作结果进行检查。另外，还应该注意根据需要及时对部下进行适当的指导。可以说，以每周为单位进行这样的工作，收效会更大一些。

【一语妙计】每周整理一次日常工作中值得注意的问题或已经发生的问题，并按问题的性质排列成表进行重新评价。这样就会搞清哪些问题已经得到解决，哪些问题尚属悬案。

7.做好每月应做的事

为了提高管理的效率和效益，管理者应该把握好每个月应做的事情，增加阶段性目标的完成速度。具体来说，每月都应该切实地做好以下几项工作：

(1) 总结本月的工作结果，确认下月工作计划。

这是管理者应该首先执行的基本任务。要掌握全部工作结果，就必须将实际成绩与计划进行比较，从中发现问题，研究改善的对策，并对下月的工作计划进行一次重新评价。

(2) 做好对部下一个月的工作评价记录。

要把平时对每个人的评价记录收集起来，作为一个月评价的依据。根据需要，可对每个部下的工作方法和思想方法进行探讨，有问题时要同部下商量解决。

(3) 对业务管理上的自我检查表进行月度评价。

反省是下月努力目标的一个出发点，要以实事求是的态度进行。另外，这种自我评价还可以搞清楚自己的问题，从而更容易对上级的劝诫予以理解。

(4) 对经营计划和经营方针的变更状况进行探讨。

对于全公司经营计划的完成状况和经营方针有无变更等情况，每月要进行一次重新确认。搞清楚本公司的全部状况，对于避免自己在大局中犯错误是重要的一环。

【一语妙计】每月至少要有一次与各部门的管理者非正式地商讨公司内

部各种问题的机会。这样，便可以从其他管理者那里获得自己完全不知道的信息。

8.做好半年应做的事

每年的时间过了一半，管理者都应该做一个总结，并对下半年的任务以及全年目标的实现情况进行展望。通常，管理者每半年应该着重干好的事情如下：

(1) 确认本公司半年业务计划的完成情况，探讨较大问题及其改善对策。

首先是确认本公司上半年或下半年的业务计划以及达到目标的状况，然后查明在确认过程中发现的问题，并探讨改善这些问题的对策。

(2) 根据公司年度经营方针的修正目标，来修改半年的业务计划。

由于公司的性质不同，每半年重新评价一次经营目标或修正这个目标，并重新评价业务计划，进行适当的修改。

(3) 对部下例行的人事考核、指导及其个别指示。

发现那些落伍的，要帮忙提携，对优秀的员工则要给予奖励。

【一语妙计】正如公司半年做一次年中决算那样，管理者为了提高其管理能力，有些事情也要在半年进行一次。通过系统性的总结、规划，可以大大提升管理者的领导水平和战略管控能力。

9.做好一年应做的事

(1) 对一年的业务计划完成进度进行检查，并探讨执行中的问题和改善对策。

首先在公司进行一次年度决算，确认预算执行的结果与当初制定的目标相比达到什么样的水平，从而找出值得反省的问题，同时也要对部下的工作完成情况进行评价。

(2) 制订下年度的业务计划和制订公司的中期计划。

这作为公司的例行工作，是极其重要的一环。

(3) 对部下进行例行的人事考核、指导和个别指导。

这种考核也是对部下的一次年终总结，而且也关系到每个部下的晋升和调配问题，事关重大，需认真、慎重地进行。

(4) 重新评价和修正、提高管理能力的长期目标。

与公司重新评价其经营计划相同，因为在一年之内，每个人都会有变化，借这个机会可以客观地评价自己，并提出下一年的努力目标。

【一语妙计】对于管理者来说，每年都要做一次工作总结，这是承前启后、继往开来的管理举措。无论这一年做得好与坏，都应该实事求是地做出评价，对明年的工作提出新的改进方案。

10.如何提高管理的效率

管理制度不健全、不规范是当前民营公司发展的重要瓶颈。由于历史的原因，大多数公司是从不规范的环境中成长起来的。

随着公司规模扩大，提升管理的效率就越来越有必要了。当公司遇到管理效率低下时，应该怎么办呢?

(1) 削减臃肿的管理机构，建立由下到上的管理信息传递系统。

(2) 公司管理者要有管理效率观念，善于及时发现和解决问题，注重并经常检查管理工作的成效。

(3) 鼓励下属公司和员工发现和反映公司存在的问题。

(4) 落实管理工作的责任制，权责分明，有奖有罚。

【一语妙计】 单靠企业家个人的能力进行管理，显然远远不能满足公司发展的需要。要想在竞争激烈的市场环境中生存和持续发展，就必须建立起规范化的管理制度，按照现代公司的要求进行管理经营。

11.最好的管理是少管理

美国通用电气公司 CEO 杰克·韦尔奇的一个管理原则就是："管理得少"就是"管理得好"，也就是说公司经营者只管自己该管的事。

那么，如何界定"管"与"理"，并在少管理的情况下也能取得良好的效率和效益呢？关键是把握好下面几点：

(1) 不信任是公司最大的成本。

习惯于相信自己，放心不下他人，这样就会形成一个怪圈：上司喜欢从头管到脚，越管越变得事必躬亲、独断专行、疑神疑鬼；同时，部下就越来越束手束脚，养成依赖、从众和封闭的习惯，而且会严重挫伤员工的自尊心和归属感。

(2) 少去管，多监控。

国内不少公司都有一整套规章制度，也不缺乏良好的指挥流程，但如果管理者将太多的精力和热情倾注到"管"上，沉溺其中，乐此不疲，回头却发现，原本很简单的事情，却莫名其妙地变得很复杂，部门之间互相推诿扯皮，制度和流程也成了摆设。

(3) 坚持无为而治。

要管得少，又要管理住，最理想的管理就是一种无为而治的状态，也就是不管理。因为人人学会了自我管理，恪尽职守，那些所谓的管理制度、条条框框也就失去了存在的意义。

【一语妙计】所谓“君忙国必乱，君闲国必治”，如果你发现自己的公司这里需要管理，那里需要管理，不是说明你的管理本事大、工作忙，而这恰恰说明你的公司没有管理好，从这个意义上说，最少的管理才是最好的管理。

12.既要管得少，还要管得住

有人认为，管人就是施展手中的权力，通过一条三寸不烂之舌，让别人俯首称臣。事实上，管人可不那么简单，它是一门高深的学问。管理者要做到大事有为，小事无为。

那么，管理者如何做好有为与无为呢?

(1) 管理者只需在事情的开始阶段表现出有为来。

实践证明：很多事情不必管理者亲力亲为，而只需要在开始表示一个态度就可以了。这种表态可叫拍板，也可叫决策，算是有为的举动。

(2) 管理者只需在事情的中间环节上表现出有为来。

作为管理者，就是要纲举目张，把握好关键环节，指导整个团队协同作战，夺取最后的胜利。因此，让下属去执行，自己把握关键点才是有效的管理之道。

【一语妙计】有为而治和无为而治符合辩证法的原理。有为是手段，无为也是手段，“治”才是目的。表面看来，有为和无为似乎是不兼容的，但作为工作方法来看，它们能够殊途同归，共同达到“治”的目的。

13.远距离管钱，近距离管人

钱与人，是经营者要面对的两大要素。如何管理好这两点，确实是一门高深的学问。办企业是为了赚钱，但是老板不能围着钱转，而要眼睛盯紧人才。

(1) 关注金钱以外的事，才能赚更多的钱。

老板和钱要有一个远距离。老板天天去签字，天天去数钱，是越数越开心。但是，天天拿着钱，会开心过头，最后制约了自己的发展。

所以，老板要多挣钱，但是远距离管钱。把精力放到开发客户、组建团队、市场调研等环节上来，才会赚更多的钱。

(2) 管好人才，就能获得赚钱的源泉。

人才不一样，人是要看心的，管理者必须把握人的心理，才能了解他。所以，人要近距离管。

在管理中，成功的关键是打通最有利于人沟通的渠道。抓住了人心，就能打造一支有战斗力的队伍，而后再去做好执行，就能获得高效的业绩。

【一语妙计】放下财权，是老板和钱分开，但经营权还在自己手里。现代企业要实行制度管理，而不是以人管人。人管人，不是把人管“死”，就是把人管“飞”，用制度管人，才能真正管好人才。

14.在公司推行问责制

问责制是和权力密不可分的，它的逻辑基础是有权力就必然要负责任，只要在权力范围内出现某种事故，必须有人为此承担责任。

问责的基本方式不外乎两种：

(1) 自我问责。

自我问责，就是主动承担责任，包括自觉检讨、道歉、请求辞职等。这属于自我批评，可以提升员工的自我管理能力，远比来自外界的管理压力更能提升工作业绩。

(2) 组织问责。

组织问责应根据所发生的问题或事件的情节轻重程度，规定具体的问责层次，如责令做出书面检查；责令公开道歉；通报批评；调离工作岗位；停职；责令辞职、免职或罢免职务等。已经进行了自我问责，并且其问责程度与组织问题相当的，应当免予组织问责。

【一语妙计】 问责制的意义在于防患于未然。惩罚只是手段，预防才是目的。倘若问责制只是事后责任追究，缺乏从源头抓起的事前预防制度，则不仅不能防患于未然，也难以根治于长远。

15.抽屉式管理有奇效

抽屉式管理是一种通俗形象的管理术语，指在每个管理人员办公桌的抽屉里，都有一个明确的职务工作规范。在管理中既不能有职无权，也不能有责无权，更不能有权无责，必须职、责、权、利相结合。

进行抽屉式管理，能理顺企业内部各个职务主要责任、权力、利益，明确各个职务之间的分工和协作关系，同时可以有针对性地进行人员的培养，以达到人与事的合理配合。

管理工作的效果应该是“买得好，卖得贵，中间管理不浪费”。抽屉式管理无疑具备这样的奇效。实施这一策略，要遵循以下五个步骤：

(1) 建立一个由企业各个部门组成的职务分析小组。

(2) 正确处理企业内部职权与分权关系。

(3) 围绕企业的总体目标，层层分解，逐步落实职责权限范围。

(4) 编写“职务说明”和“职务规则”，制定出对每个职务工作的要求准则。

(5) 必须考虑到考核制度与奖惩制度相结合。

【一语妙计】抽屉式管理在人力资源管理中一般用于职务分析。很多企业都在抽屉式管理的基础上不同程度地建立了职位分类制度。

16.越级管理危害大

如果经营者不能正确对待管理层的计划战略，便会产生越级管理，造成内部一片混乱，直接影响到公司的效率和效益。具体来说，越级管理的危害在哪里呢?

(1) 组织内外产生混乱。

越级管理首先会造成公司有章不循、职责不清，产生无序经营的局面。如果发生市场混乱，就更糟糕了。

(2) 中层管理者失去价值。

越级管理会让中层管理者失去信任，无法和客户建立关系，无法管理市场。一旦他们成了摆设，那么整个企业就乱了阵脚。

(3) 高层人员威信下降。

高层管理越级，会造成管理的浪费。一个人的时间和精力是有限的，如果高层管理什么小事都干，哪有时间和精力去做规划、监控和管理?

【一语妙计】公司中有决策层、管理层、执行层，各层次都有与之相对应的职责和权力。做好自己该做的，把握好管理的层次性，大家各安其位，整个组织就能良性运转。

17.抓好现场质量管理

由于生产现场是影响产品质量5M（人、机器、材料、方法、环境）要素的集中点，因此搞好现场质量管理，可以确保生产现场生产出稳定和高质量的产品。进行现场质量管理要注意以下几个方面：

(1) 建立质量指标控制体系，从产品技术经济指标到岗位责任制，从统计方法、考核的内容到奖惩制度都必须体现质量第一的思想，充实现场质量责任制内容。

(2) 加强生产原料及工序对产品质量的管理，即对上道工序的来料进行检验、交接、处理过程中严格把关，并对生产工序中的产品进行控制。

(3) 根据生产现场的实际需要设置管理点，依靠操作人员对生产工序关键部位或关键质量特征值影响因素进行重点控制。

(4) 做好生产现场的质量检测工作，设置生产工序自检员，制定自检和互检制度，使自检与专职检验密切结合起来，把好第一道工序的质量关。

(5) 加强现场信息管理，随时掌握生产原料、工序在制品和产品质量以及工作质量的现状，进行质量状况的综合统计分析。

【一语妙计】 生产现场质量管理是形成质量产品的第一道关，跳过了它，就会出现劣质产品。把现场质量管理作为第一位，这是生产现场质量保证体系的核心，它是以预防为主，最经济、稳定地保证工序质量的一种好方法。

18.目标管理实施细节

实行目标管理，要注意以下细节：

(1) 根据公司的经营战略目标，制定公司年度整体经营管理目标。

(2) 沟通一致。制定目标既可以采取由上到下的方式，也可以采取由下到上的方式，还可以两种方式相结合。一定要全面沟通，认可一致。

(3) 要经常检查和监控目标在实施过程的执行情况和完成情况。如果出现偏差，要及时从资源配置、团队能力和管理系统等方面分析原因，及时补充或强化。

(4) 在考核之前，会出现一些不可预测的问题。因此在考核时，要根据实际情况，对目标进行调整和反馈。

(5) 按照制定的指标、标准对各项目标进行考核，依据目标完成的结果和质量与部门、个人的奖惩挂钩，甚至与个人升迁挂钩。

【一语妙计】目标管理是一项系统管理工作，只有精于设计、重在推行及全面统筹，才可以成为公司经营发展的加速器和助推器，为公司插上腾飞的翅膀！

19.变机器管理为人本管理

在“十来个人七八条枪”的创业时期，创业者与员工们同吃同住同劳动，知冷知热，情同手足。可是，当公司成长壮大之后，老板与雇员的矛盾却日益突出甚至尖锐起来。

为了保持公司的持续发展。这时候，管理者最应该做的是稳定人心，千万别把员工当作冷冰冰的机器人。变机器管理为人本管理，可以从以下几个方面着手：

(1) 明确公司共同的价值观，勾画公司发展的远景蓝图和目标，让员工与公司共同成长。

(2) 引入“人力资源”和“人力资本”的管理理念，建立适当的薪酬绩效考核体系，逐步形成一个高绩效的管理团队。

(3) 学会“激励的艺术”和方法，研究并发现员工的不同需要，实施“差别激励”。

(4) 注意倾听和沟通，沟通从“心”开始。

(5) 着手进行公司文化的培育和建设，增强公司的凝聚力和向心力。

(6) 注重关键岗位和层次的人才招聘、培养、选拔和储备。

【一语妙计】 联想集团原董事局主席柳传志说：“如果有一个项目，首先要考虑有没有人来做。如果没有人做，就要放弃，这是一个必要条件。”

20.将系统管理进行到底

许多企业管理者学习细节管理，研究精细化管理，但在实践中做得并不好，一个重要原因是忽视了系统管理。显然，拘泥于某个细节，而忽视了整体，那么这种细节管理的价值就会大打折扣，也难以收到预期的效果。把握好系统管理，要重点做好下面几点：

(1) 企业是由人、物资、机器和其他资源在一定的目标下组成的一体化系统，在这些要素的相互关系中，人是主体，其他要素则是被动的。

(2) 企业是一个由许多子系统组成的、开放的社会技术系统。企业是社会这个大系统中的一个子系统，它受到周围环境的影响，也同时影响环境。它只有在与环境的相互影响中才能达到动态平衡。

(3) 运用系统观点来考察管理的基本职能，可以提高组织的整体效率，使管理人员不至于只重视与自己有关的特殊职能而忽视了大目标，也不至于忽视自己在组织中的地位与作用。

【一语妙计】 系统管理理论，即把一般系统理论应用到组织管理之中，运用系统研究的方法，兼收并蓄各学派的优点，融为一体，建立通用的模式，以寻求普遍适用的模式和原则。

公司做强研究

——如何把民营公司做大、做强、做精、做久

第四章
领导之道：
领导力就是战斗力，领导力决定执行力

公司的运作应该是制度和人治的完美结合，或者说是制度制约下的人治的完美发挥。目前，许多公司的制度还不健全，有的公司运作完全靠人治。在这种情况下，管理者的统御之道就成为企业能否良性运转、做强做大的一个决定因素。

什么是卓越的领导力呢？英国卡德伯里爵士认为：“真正的管理者鼓励下属发挥他们的才能，并且不断进步。失败的管理者不给下属自己决策的权力，奴役别人，不让别人有出头的机会。”

领导语录

如果团队的大部分人是在被迫前进，那么这无疑是一种失败。管理只有建立在领导的基础之上，而不能将领导建立在管理的基础之上。

——杰克·韦尔奇（通用电气公司原总裁）

要让职工有被尊重的感觉，就必须多去接触和关心他们，所以领导方式越是民主就越会在生产上表现出效果。

——利克特（美国密歇根大学教授）

没有不行的职工队伍，只有不行的领导干部。

——屈庆麟（贵州开鳞集团董事长）

1.做高情商的管理者

一个人最后在社会上占据什么位置，绝大部分取决于控制情绪的能力。对管理者来说，稳定情绪、处变不惊、游刃有余，成功才能来得更早。

（1）自信。

不是由于有些事情难以做到，我们才失去了自信；而是因为我们失去了自信，所以有些事情才显得难以做到。

（2）注重礼节，留神忌讳。

“懂礼不只是一种美德，也是一种能力。”管理者应该把礼节、礼仪、贺词烂熟于心，因为它们时刻用得上。

（3）不乱发脾气。

做高情商的管理者要具有高度的忍耐力，不会随意在员工面前发脾气，也不会因为市场不好而悲观失望。

（4）敢于承担风险。

办企业、做生意必然要与风险相伴，风险的背后其实是市场机会和做大做强的荣耀。敢于承担风险，是管理者要过的关口。

（5）潭深千尺不扬波。

经营者要时刻让自己保持冷静，即使公司有多辉煌或现在处于怎样的困境。只有冷静，才能保证自己的决策是可行的。

（6）善于解决问题。

管理者清醒地知道他们正在追求的目标，会及时发现和解决那些挡在前进道路上的障碍，推进企业发展。

（7）坚持客观地看待问题。

绝不应该因个人的见解妨碍自己客观地看待问题。

【一语妙计】 当公司发生意外、经营遇到挫折的时候，管理者最重要的是保持一份乐观的心态，这是渡过困难的法宝。

2.决策失误是最大的失误

世界上1000家倒闭的大企业中，85%是因企业管理者决策不慎造成的。对于公司来说，决策的失误是最大的失误。因为它是事情的龙头，头开错了，难以挽回，一错皆错。那么，管理者应该如何避免决策发生重大失误呢?

(1) 决策要有明确的目标。

决策的难点来自于目标不清，目标不清往往造成在方案选择上摇摆不定。如果决策目标明确，按照目标的要求，哪个方案更好一些，决策者就会毫不犹豫地选择哪个方案。

(2) 多方案抉择是科学决策的重要原则。

决策要有若干个可行的备选方案，一个方案不能比较优劣，也没有选择的余地，只有采纳，所以多方案选择是科学决策的一个重要原则。通过比较选择，可以正确决策。

(3) 决策要进行方案的分析比较。

决策时应进行方案的分析比较，对每个方案进行综合分析与评价，比较各方案的优劣，做到心中有数。很多时候决策的错误就来自于决策时心中无数，盲目做出决定。

【一语妙计】决策过程受到各种主观因素的影响。所以对于同一个问题，不同的人会有不同的决策结果，这是正常现象。管理者应能够在听取各方意见的基础之上分析判断，并做出正确的决策。

3.正确决策必备的五种能力

作为一个优秀商人，成功的概率应该是95%。经商不是赌博，不是摸彩票。那为什么成功的概率不是100%呢？因为谋事在人，成事在天，5%的失败是不可抗拒的意外事件造成的。

(1) 提出问题的能力。

及时发现经营管理活动中存在的问题，并运用各种理论知识和科学方法，做出判断。

(2) 分析问题的能力。

从全局出发，以战略眼光，对问题加以分析，依据其紧迫性、严重性、扩散性，加以分类、排队、筛选。

(3) 解决问题的能力。

一是优化能力，即从多个可行方案中抉择最优方案的能力。二是适应能力，有些管理者的专业知识可能不适应，这时应组织有关专家共同探讨解决问题的途径，用组织能力弥补技术能力的不足。

(4) 检查决策实施的能力。

决策实施时，管理者应不断对决策进行检验，并及时调整或修正，以保证决策的正确实施。

(5) 直觉判断能力。

这种直觉判断的正确性取决于决策者长期的经验积累和应变能力。没有每算皆准的决策者，但是，勇于实践和长期的磨炼则可以提高这种直觉判断能力。

【一语妙计】有的管理者以赌博的心态做生意，没有不赔的道理。有句话说得好，成功是100个因素共同作用的结果，而失败只要一个因素就足够了。选择经营项目，一定要理性，科学决策。

4.追求无为而治的境界

我国古代大思想家老子主张“无为而治”。无为而治并非什么都放任自流。真正的无为之治，则是寓有形于无形之中，寓有为于无为之中，看似无为，实则有为。

老子有许多名言，可以作为领导艺术的绝佳范本。最典型有下面几点：

(1) 为无为则无不治。

也就是说，管理者可以通过无为来治世，只要真正掌握了无为的艺术，就可以做好管理工作。

(2) 圣人处无为之事，行不言之教，法令弥多，则盗贼多有。

可见，聪明的管理者应当处无为之境地，顺应自然，行无为之教，因势利导来管理员工，太多的管理规则并不见得让员工心服口服。

(3) 圣人不争，故天下莫能与之争，水善利万物而不争。

管理者要明确自己的角色。只要实施济民，给民实惠，不与部下争利益、抢风头，这样的管理者必然会得到下属的衷心拥护。

(4) 圣人，不知有之；弃之但则誉之。

这里讲的是管理者要做到表面上是什么也没有做，但是他的话在公司里得到顺利贯彻执行。

【一语妙计】无为而治是一种超越，它是一种完全包容人，却不使下属意识到被领导、被驱策的方法。这种方法要求管理者从大处落笔，把握大局，居高临下地将下属导向适当的方向。

5.管理者的权威有哪些

有作为的管理者，一定要获得骨干部属的认可、信任、追随、配合。为此，你必须建立起三种“高大”形象：

(1) 人格形象。

就是管理者通过精神和内在性质的修养和陶冶而获得的一种无形的人格力量与感召力。人格形象是人的内在精神和特质的展示与感知，没有高尚的人格，就不会产生良好的人格形象。

(2) 视听形象。

是人格形象的外在表现形式，也就是我们平时所说的口碑。能否树立良好的领导形象，是证明领导艺术水平高低的重要标准。

(3) 智能形象。

作为管理者，应该具备发展眼光和创造性思维，从别人趋之若鹜的地方看到风险，从别人避之唯恐不及的地方看到利益。如此，才能率领团队领先一步，走在别人前面。

【一语妙计】优秀的管理者，不但本身具有超乎一般的意志，并且能将自己的意志力像电流一样传导给追随者，使整个团队具有同样坚强的意志力。

6.利克特的领导方式

关于领导类型和领导方式，美国密歇根大学的利克特等对此进行了近30年的跟踪，并于1967年发表了研究报告，并得出以下几条结论：

（1）高生产效率和低生产效率的部门，职工的士气可能无差别。

（2）部门领导凡是关心职工的，生产效率就高；经常施加压力的，生产效率则低。

（3）部门领导与下级和职工接触多的，生产效率就高；反之生产效率则低。

（4）部门管理注意向下级授权，听取下级意见并让他们参与决策的，生产效率就高；相反，采取独裁领导方式的，生产效率则低。

【一语妙计】利克特教授说："要让职工有被尊重的感觉，就必须多去接触和关心他们，所以领导方式越是民主就越会在生产上表现出效果。"利克特提出的管理系统，为我们推行民主管理提供了心理学依据。

7.权变式的领导模型

著名心理学家费德勒是领导权变理论的重要人物之一。通过调查研究，他提出了三种影响领导行为效果的情境因素：

一、管理者与被管理者之间的关系，即管理者对职工信任程度，及职工对管理者的忠诚和管理者是否有吸引力。

二、任务结构是否明确，即指下达的工作是常规的还是非常规的。

三、管理者的岗位（职位）权力强弱，即指管理者的职位、权力与权威取决于以下三个变量。

也就是说，费德勒认为领导的有效性依赖于情境的有利性，而情境的有利性取决于三个变量：

（1）任务的结构性（又叫任务结构化），包括任务已标准化、规格化，目标、程序、内容是明确的。任务越是结构化，情境就越有利。

（2）管理者的职权，也就是说，管理者的职位或法定权力越大，情境越有利。

(3) 管理者与被管理者关系。这个变量被看成是以上三种变量中最重要的。

如果以上三个条件均具备，便是最有利的领导条件。如果三者都不具备，便是最不利的领导条件。

【一语妙计】在组织情况极有利或极不利时，任务导向型是有效的领导形态；在组织情况一般时，人际关系型是有效的领导形态。

8.权力越大越要谨慎

由管理者决定一切，是中小型公司运作的常见模式，而在公司有了进一步的发展的时候，这种思维就成了成长路上的严重障碍。很多公司不是请不起职业经理人，而是管理者不想把自己的管理宝座让给职业经理人。

(1) 警惕员工对管理者权力的盲目崇拜。

海尔总裁张端敏曾经说了这么一句令人深省的话："我现在最怕的就是整个公司的员工太相信我了。如果我选错了路，往火坑里跳了，那么整个公司也跟着我往火坑里跳了。"警惕员工对管理者权力的盲目崇拜，你才能远离高处不胜寒的危险。

(2) 权力大了更要做正确的事。

管理者带领自己的团队，正确的时候和正确的人一起，为正确的理由努力取得正确的结果，才会拥有一趟赏心悦目的旅程。一路上，他们依照正确的顺序做正确的事，并且尽心尽力去做每一件事。这样的公司会无往不胜。

【一语妙计】一个小公司要向大公司迈进，第一步就应当是管理者的觉悟。只有管理者谦虚谨慎，并对管理上的个人英雄主义有深刻的认识，才能在公司进一步的发展中找到自己正确的位置，而公司才能避免这种过度信任与服从造成的危机。

9.管理者特有的能力

胜任领导岗位，必须有一套看家本事才行。否则，你撑不起台面，就无法带领这个团队把企业一步步做强做大。为此，管理者要具备以下几种能力：

(1) 团队设计。

团队设计要考虑能力与目标一致，要根据目标选配不同特征、能力的成员进行组合。

(2) 合理建构现代人力资源。

领导不是数量规划，而是素质规划。管理者必须建立一个合理结构，让每一个成员都能恰如其分地在岗位上发挥自己的作用，让每个人都有所贡献。

(3) 明确阶段目标。

没有明确具体的阶段目标，人们就无法知道自己应该干什么，就不会知道每一阶段该达到什么样的目标程度，也就没有一个衡量工作成就的标准。

(4) 共同奋斗。

士气是一群人追求共同目标，持久地、首尾一贯地协同工作的群体能力。高昂的士气是高水平工作的一个先决条件，没有了它，共同奋斗的现象是不会出现的。

(5) 及时发现和处理纷争。

企业内部出现了纷争，管理者应该跟双方就这次事件进行交谈，尝试帮助他们自己去找出矛盾的起源，探讨解决的方法有哪几种。最后大家都坐下来就这次问题进行总结，化解彼此的心结。

(6) 做正确的事。

做正确的事就是领导要先认识、把握这些客观存在的、我们大家还没普遍认识的事物规律，这个就是领导要做正确的事的含义。

【一语妙计】“没有金刚钻，别揽瓷器活。”一个企业的管理者不是那么容易当的，掌握处理关系的一般原则，能够做到别人不容易干好的事情，那么你就能树立威信，赢得下属的信任和爱戴。

10.不断给自己充电

一个公司的兴旺发达需要一个好的家长，为此管理者必须加强个人修养，不断给自己充电，从而成为一个合格的领路人。

当然，建立合理的知识结构是一个复杂长期的过程，在给自己充电的时候必须注意如下原则：

(1) 整体性原则，即专博相济，一专多通，广采百家为我所用。显然，管理者偏重于某一方面，做不到知识广博，就容易吃亏。

(2) 层次性原则，即合理的知识结构的建立，必须从低到高。没有基础层次，较高层次就会成为空中楼阁，没有高层次，则显示不出水平，因此任何层次都不能忽视。

(3) 比例性原则，即各种知识在顾全大局时，数量和质量之间合理配比。比例的原则应根据培养目标来定，成才方向不同，知识结构的组成就不一样。

(4) 动态性原则，即所追求的知识结构绝不应当处于僵化状态，而是能够不断进行自我调节的动态结构。

【一语妙计】在未来社会，靠以往那种自上而下的培训已经不够，只有不断用最新思想、最新知识、最新技术武装自己，才能全面增强综合素质，在未来生存发展得更好、更健康。

11.倾听是管理者的基本功

作为管理者，必须要学会听下属说话。与下属交流的时候，有的管理者可能一边听，一边忙着其他事情。这让下属觉得他没有把心思放在自己所说的事情上面。在倾听下属谈话时，要注意以下几点：

（1）认真聆听。

真心聆听你需要放下手上的工作，并将身体转向说话的人，点头，微笑，并发出“嗯”的声音。许多时候，你表现出倾听的动作模式，问题也就解决了一半。

（2）先听再说。

领导以聊天的方式开头，把“先说再听”的情形转为“先听再说”。这样等于邀请员工分析他对工作的想法，同时也先为领导要说的话铺路，营造出比较自然的谈话氛围。

（3）简单复述已经听到的部分。

为了避免产生误解，当员工说话时，管理者除了仔细聆听外，也要简单复述已经听到的部分，以确定没有听错下属的意思。

（4）一锤定音。

管理者在下属犹豫不决或产生侥幸心理的时候要敢于下结论，做决策，在重大问题上要有一锤定音的魄力。

【一语妙计】怎样说员工才愿意听，怎样听员工才愿意说，这的确是管理者应该好好思考的一个问题。学会做一个倾听者，让员工对你敞开心扉，那么你得到的不仅是有价值的信息情报，更能拉近与员工的距离，打造一支精诚团结的队伍。

12.领导力决定战斗力

管理者的水平如何，会极大地影响团队的战斗力。除了优秀的管理理念、指挥艺术以外，出色的管理者还会以自己的优秀品质潜移默化地影响团队成员。

(1) 工作的技能与方法。

因为各部门的管理者最清楚本部门各个岗位的技能需求，也清楚部门现任人员的实际水平，因此从需求与实际水平之间的差距分析每个人员的需求。

(2) 工作的态度与风格。

有什么样的老板，就会有什么样的员工。从根本上说，管理者的工作态度、思维习惯、办事风格都会潜移默化地影响到员工，优秀的领导会带给员工积极向上的精神风貌。

(3) 信念与意志力。

做教练型领导并不容易，除了要有相当的专业与管理知识、沟通技能、培训方法外，最重要的一点，是要有无私的胸怀，并和员工感同身受，从中提升领导能力。

【一语妙计】一个优秀的管理者，会把自己的经营理念、商业操守传递给身边的人，让整个团队的战斗力得到强化，这是领导的要义之一。

13.做教练式领导

企业家就要像教练那样，通过感动人心的教练手法，来激励员工勇攀高峰，让员工们用最有效的态度和团队精神去对待工作。

在同员工交流的过程中，你将扮演以下四种角色：

（1）培训。

这种角色要求你扮演一对一的教师。你要负责员工成长的问题，与他们共享信息。不要把公司的培训交给外来人，因为他们不对员工的业绩负责。

（2）职业辅导。

作为职业教练，你需要帮助和引导员工，相当深入地就其现在和将来的职业发展道路探索其兴趣和能力所在，以便使公司做出相应的计划安排。

（3）直面问题。

要提高业绩，必须得直面问题。换句话说，你需要让员工在成功的基础上做得更好。

（4）做导师。

做导师的主要目的是促进员工职业生涯取得进一步成功。导师需要源源不断地就公司组织的目标与经营观为员工提供信息和见识，他们教导员工如何在公司组织内发挥作用。此外，在员工遇到个人危机时，还要充当他们的知己。

【一语妙计】“每一位领导应当是一名出色的教练”，这是杰克·韦尔奇的心得。做教练型领导不仅需要相应的专业知识，还需要更多的理解、尊重、容忍和耐心。

14.给员工积极进取的机会

管理的一个基本内容是人尽其才，促进事业的发展。为了达到这一目的，必须为每一个员工提供各种竞争的条件，这其中包括：

（1）尽才机会。

即安排适宜的工作、对口的专业、便利的工作条件、较好的工作配合。

(2) 失败复起机会。

工作失误或失败以后，要尽量提供“东山再起”的条件，以激励其总结经验，吸取教训，使其更加努力。一个不怕失败的人比一个不失败的庸人更有前途。

(3) 进修机会。

即在工作中为员工提供学习时间、费用及其他条件，使其在知识更新中不断得到提升，以不断增强其工作能力和竞争能力。

(4) 进取机会。

即使其在胜任现职工作的基础上，在职务上、学业上能够有所上进，为其一展宏图创造条件，为其实现伟大抱负铺好台阶。

【一语妙计】 管理者在给予员工竞争机会时，必须注意机会均等原则。不仅在竞争面前人人平等，在提供竞争的条件上，也是人人平等。

15.处理好窝里斗

说到窝里斗，人们总是不屑一顾，其实，这是竞争的另一种方式。只有竞争，员工才有危机感，才有压力，才会保持毫不松懈的斗志。但在处理窝里斗时，管理者要三思，要想办法变坏事为好事。

(1) 要有限度地鼓励竞争。

竞争是促进进步的原动力。有限度地鼓励竞争，应用于双方都有争胜的野心，想要在工作上有所表现。如果有私心介入的话，管理者应立即出面澄清、调和，阻止不正当的竞争。

(2) 要把纷争当作考验下属的机会。

管理者常常需要在得力的下属中挑选将才。可是当下属之间发生纷争时，也可从他们争论的问题、立场、动机，去了解他们的修养、气度、眼光、忠诚等，据此作为你物色将才的参考。

(3) 要注意兼听则明。

中国有句古话，“兼听则明，偏信则暗”，是说只有同时听到各种不同意见，才能在分析比较的基础上，避免片面性，得出正确结论。

【一语妙计】 能否果断直接地处理冲突，表明你作为管理者是否尽到了责任。你的处理将向下属发出明确的信号：你不会容忍冲突，但是你愿意做出努力。这时候，引导好的内部竞争是必要的，但如果造成内部钩心斗角的自相残杀，那就得不偿失了。

16.如何让团队更和谐

和谐的团队，才会有高效的业绩和战斗力。让整个团队安定团结、创造佳绩，是领导力的重要内容。

有时候，管理者不得不面对微妙的局面，比如处理两位下属之间的摩擦。在爆发冲突之前，或者冲突发生后，管理者应该做好哪些事情呢？

(1) 记住你的目标是寻找解决方法，而不是指责某一个人。

(2) 不要用解雇来威胁人，优秀团队的建立绝非一日之功。

(3) 区别事实与假设，学会在把握事实的基础上进行判断和决策。

(4) 求大同，存小异，用包容的心态去对待身边的人和事。

(5) 要善于倾听不同意见，从中获得公允的认识。

(6) 追踪观察，考察成员之间的关系到底如何，不能只凭一阵子热情。

【一语妙计】 使公司的所有员工之间不发生任何冲突，这是公司正常运营所必需的基本条件，也是领导的工作职责之一。

17.把不同风格的人捏在一起

对于不同类型的员工，要有不同的处理方法。针对他们的特点，需要做出相应的对策进行谈判和沟通。

(1) 分析型。

特点：表达能力差，情感度较低，喜欢有自己的私人空间。

对策：尊重他对个人空间的需求，做事不要过于随便，要公事公办，与他交流的时候，要摆事实，确保正确性，做好周密的准备。

(2) 支配型。

特点：喜欢发号施令，决不容忍出现错误。不在乎别人的想法。做事比较冷静、独立，以自我为中心。

对策：要准备充分，以事实说话。可以给他两到三个方案供其选择。

(3) 亲切型。

特点：情感度高，喜欢与别人打交道，待人热心，做事比较有耐心。

对策：语速相对放慢，以友好、非正式的方式跟他沟通。通过提供个人的帮助，建立与他彼此信任的关系。

(4) 表达型。

特点：表达能力强。充满激情，有创造力，重感情，乐观，喜欢参与。

对策：要不断提出新的和独特的观点。给他更多的时间让他说话，在做工作的时候，要以书面的形式与他确认。

【一语妙计】阿里巴巴创始人马云说："进了公司，就是朋友，我是捏他们的水泥，他们是石头。阿里巴巴也是水泥，沙滩上小的石头，可以捏在一起抗衡大公司。"管理者把不同风格的人捏合在一起，大家发挥各自的优势，那么整个队伍的战斗力就非同一般了。

18.凡事多一点包容心

“明君兼听、暗君偏信”，这句历史名言，简洁有力地道出英明与昏庸的管理者的差别。听来十分简单，这个道理每个人都明白，但要做到并不容易。

(1) 对下属的过失善于包容。

求全责备是一般管理者的积弊，他们最敏感、记忆最深的是下属曾犯过什么错误、受过什么处分、有什么缺点，至于此人有什么特长、有什么绝活儿则不清楚。即便是优秀人才，缺点、错误也委实难免，一个优秀的管理者会用人所长、容人所短，使这些人才发出其应有的光芒。

(2) 对下属的不敬善于包容。

有些下属喜欢锋芒毕露，存在不敬的苗头，管理者对此也要善于包容。“金子总是要发光的”，真正的人才是掩不住其光芒的。不怕下属功高震主，为有才能的下属提供力所能及的发展条件和发展空间，这才是一个优秀的管理者所应持有的原则和态度。

【一语妙计】 忠言逆耳，实话、真话经常不太好听，但就如同良药苦口，对我们才有真正的助益。用包容的心胸来接受各种信息，是成为管理者必备的条件之一。

19.多请教学者、专家

一家公司如何在现代竞争中脱颖而出？一位著名的经济学家提到了五个关注，其中有一点是“关注外人”。这里的“外人”，就是我们常说的

“外脑”。

“外脑”包括经济学家、有经验的公司管理者、行业的专家、教授等。凡是有大成就的企业管理者，必然是善于利用“外脑”的行家。那么，在什么情况下需要请教专家呢？

(1) 市场的变化增加了管理者决策的难度，需“外脑”助力时。

(2) 管理者自身的素质需“外脑”优化时。

(3) 管理的科学化需“外脑”协助规范时。

(4) 发展的关键时刻需“外脑”把关时。

(5) 防止决策主观片面需“外脑”平衡时。

(6) 管理者预感未来竞争激烈，公司可能有潜在风险时。

(7) 管理者决心通过管理提高品质和改善服务时。

(8) 组织需要进行综合诊断，以系统化地明确存在的问题时。

(9) 组织膨胀，管理者感到不能再用传统型经验方法领导时。

(10) 管理者需要对整个组织进行再造和改善各项职能时。

(11) 组织需要加强进入市场能力时。

【一语妙计】公司大了，公司的高层会以为自己无所不能，自己实力雄厚、人才济济，不需要外界的补充。或许这是对的，但是偶尔出现的集体“弱智”也是很要命的，如果有一些不受公司控制的力量说出不同的声音，对公司而言反而是一种有力的监督和鞭策。

公司做强研究

——如何把民营公司做大、做强、做精、做久

第五章
人才之道：
带出一群精兵强将是发展壮大的关键

比尔·盖茨说过："一个公司要发展迅速得力于聘用好的人才，尤其是需要聪明的人才。"强将手下无弱兵，选好人，用好人，用对人，带出一批精兵强将是管理者的头等大事。

你的公司就好比一个小分队，也是由各色各样的人组成的，他们都有自己的看家本领。身为管理者，你就要做到对部下的能力、个性、习惯了如指掌，做到适才适所，使内在的潜力得到充分的发挥。有了精兵强将，公司才可能做大做强。

人才语录

人才是利润最高的商品，能够经营好人才的企业才是最终的大赢家。

——柳传志（联想集团原董事局主席）

人的潜能是无限的，把人才变成将才，就能战无不胜，就没人能打败你了。

——郭台铭（鸿海集团董事长）

用人上一加一不等于二，搞不好等于零。如果用人中组合失当，会减弱整体优势，安排得宜，才成最佳配置。

——皮尔·卡丹（法国著名商人）

1.铁腕领导带出铁军

公司的运转和管理需要铁腕管理者。华为总裁任正非、联想原董事局主席柳传志都以铁腕著称，因而有了整个企业的发展壮大。为此，公司管理者必须掌握下列铁的管理原则：

(1) 要坚定。

坚定性是指挥的要诀之一，灵活性又是指挥艺术的核心，这两者在实践中是辩证统一的关系，灵活性离不开坚定的原则性。

(2) 要变通。

管理中的重大战略决策在实施过程中，会出现这样那样的情况和问题，这就要求在实施决策过程中进行适当的变通。

(3) 要有重点。

一般说来，没有重点就没有决策。在实施决策过程中，要抓住主要问题，重点解决。

(4) 要有权威。

实践证明，没有权威就不能指挥。管理者必须一声号令，就能调动所有的资源和人马，这样才能令出必行。

(5) 要有民主性。

这里的关键，是要把实施决策的措施交给下属进行民主讨论，认真听取并吸收大家合理的意见，这样就可以丰富指挥者的经验。

【一语妙计】一头狼带领的一群羊，能够打败一只羊带领的一群狼。在一个团队里，管理者的决定作用是毋庸置疑的。铁腕领导，才能带出一支招之即来、来之能战、战之能胜的铁军，公司才能在惨烈的市场竞争中立于不败之地！

2.招聘到最好的赚钱机器

一个公司获得良好的赢利能力，离不开有功之臣的付出，这些人是公司的赚钱机器。换句话说，管理者必须努力找到最好的员工，留住最好的员工，让他们奉献自己的才智。招聘到最好的赚钱机器，必须遵循下面八个原则：

(1) 公开原则——公开原则一方面给予社会上的人才以公平竞争的机会，达到广招人才的目的。

(2) 竞争原则——通过考试竞争和考核鉴别人员的优劣和人选的取舍。

(3) 平等原则——指对所有报考者一视同仁。不能靠特殊人际关系引荐，不能有类似偏袒的不平等行为。

(4) 能级原则——承认人的能力有大小，本领有高低，工作有难易，要求有区别，重用那些能力突出的人。

(5) 全面原则——对报考人员从品德、知识、能力、智力、心理、过去工作的经验和业绩进行全面考试、考核和考察。

(6) 择优原则——只有坚持这个原则，才能选贤任能，为各个岗位选择最合适的人员。

(7) 效率原则——根据不同的招聘要求，灵活选用适当的招聘形式，用尽可能低的招聘成本录用高质量的员工。

(8) 守法原则——人员招募与选拔必须遵守国家法令、法规、政策，在聘用过程中不能有歧视行为和违反法律规定的行为。

【一语妙计】企业的发展离不开人。再伟大的战略，都需要人去执行；工作中的细节，也需要普通员工去执行。因此，招聘到称职的人才，对老板来说就是招财。

3.用人要避免大材小用

人的能力有高低，而作为合格的管理者，就是要把合适的人放到合适的位置上，让人才为企业效力，使公司发展壮大。在用人上，一定要防止大材小用，避免挫伤人员的积极性和功能过剩。

(1) 任人标准不可贪求太高。

任人标准假如超过实际需要，则必然使人望而却步，使人们对职业估价太高，这对于一部分进取心、事业心较强的人是一种挑战，但是，如果就职后，发现其轻而易举，毫无进取可能，必然导致另谋他就。

(2) 任人标准不可过分武断，而应带有一定的弹性。

正确的任人标准是据事之所需：一是必要条件，就是从事某种工作不可缺少的必备条件；二是参考条件，即有之更好、无之也可的条件。不过，也必须以胜任工作为原则。

(3) 取消一切不必要的标准。

添加不必要的条件和标准，在客观上缩小了备选人员范围，增加任人的难度，实为画蛇添足。

【一语妙计】千里马难寻，伯乐更是难当。如何用人是对总经理的一种考验，若拿捏不准，大材小用，将会造成不必要的人才流失。只有让能力相当的人去做适合自己的工作，才能让员工有安全感和归属感。

4.选聘能人要考虑三点

在招聘的过程中，若能选择合适的人才，将会使以后的经营管理工作事半功倍。好的经理一定要有优秀的员工做支撑。要想为公司的发展征用真正所需要的人才，需要考虑以下几个因素：

(1) 重视学历，更注重能力。

在人员招聘中要注重实际能力，特别是选拔事业开发型人才时主要看他的综合基础能力，就像挑选运动员苗子一样，关键看他是不是一块好材料，有没有发展潜力。所以，高学历不等于高能力。

(2) 心理素质不可忽视。

社会的竞争是激烈与残酷的，而这势必给每一个员工造成强大的压力。能否在竞争中脱颖而出，不仅看员工的技术水平和工作能力，还要看其是否具备良好的心理素质。

(3) 选有良好工作态度的人才。

良好的工作态度，往往能为本人带来工作激情和动力，从而提高工作效率。这是公司在日常经营管理时应该考虑的因素。

【一语妙计】 企业若招聘到所需要的能人，那将是一笔巨大的财富。总经理要根据公司的发展来考虑适合的人才，为公司招聘能够带来利润的好员工。这样，才能使得公司做大变强。

5.任用比自己更出色的人

山外有山，人外有人。下属在某一领域比总经理强是很正常的。承认下属比自己强，并不是件丢人的事，因为发现和培养人才是管理能力的重要表现。作为公司的总经理，你可以不懂最新的科学技术，但是你可以通过有效的管理，整合在各专业领域业务能力强的下属来完成使命。

(1) 对于能力强的下属，要给他们安排富有挑战性的工作，只有这样才能充分调动他们的积极性，极大限度地发挥他们的潜能。

(2) 一般有能力的下属都有点恃才傲物，有时甚至爱自作主张。作为总经理，必须要用制度约束他们，多与他们进行思想沟通，力争达成共识和共鸣。

(3) 能力强的员工过分张扬，就容易招致其他组织成员的嫉妒甚至反感，成为组织成员中的众矢之的。遇到这种情况时，管理者要善意地帮他改正缺点、更新观念，使组织形成团结合作、积极进取的健康氛围。

【一语妙计】发现比自己能力强的员工，对于总经理来讲是件幸事。下属的光芒是与公司的利益直接相连的。遇到这样的人才要加以重用，不必担心他比自己强而抢了自己的饭碗。

6.分派工作大有学问

分配任务看起来好像是企业负责人最简单的职责之一，其实不然，分派工作是一种需要学习才能掌握的管理技能。有技巧，事半功倍；没技巧，事倍功半。若将工作分配好，对公司的发展是大有益处的。向员工布置工作的时候，有以下三个技巧：

(1) 任务与职能相称。

这里有两层意思：一是你所分配的任务应当是属于他岗位责任制范围之内的事。二是所分配的任务要与他的能力相一致。

(2) 交代必须明确。

在布置工作时，重要的事要交代得严肃、明确、具体；简单的事就可以粗略一些；对于头脑聪明、经验丰富、一点就透的人，可以简明扼要；对于新手和能力差的人，要尽可能把想到的东西都告诉他，使他少走弯路。

(3) 要同员工商量。

事实证明，在布置任务时只有对员工抱着信任、尊重、平等、虚心的态度，员工才容易理解，乐于接受，也才能更好地执行。

【一语妙计】同样的工作，分派方式不同，完成的效果也不一样。总经理在安排任务的时候，通过提问和请员工复述工作要求来加以检验；把任务分配给那些最有能力完成的人。这些小技巧都可以让公司的业绩更加突出。

7.可以提拔的九种员工

员工被提拔是激励员工工作热情的一种方式，但哪种员工适合被提拔，就需要管理者具备火眼金睛了。一个公司要想逐渐壮大起来，就需要优秀的员工不断地被赋予重任，为公司效劳。以下九种员工适合被提拔：

(1) 提拔勇于承担责任的人。

(2) 提拔忠诚于单位的人。

(3) 提拔忠实执行领导命令的人。

(4) 提拔知道自己权限的人。

(5) 提拔比自己聪明的人。

(6) 提拔经理不在时能负起留守职责的人。

(7) 提拔能自我节制的人。

(8) 提拔致力于消除经理误解的人。

(9) 提拔向经理报告能自己解决问题的人。

【一语妙计】每个员工在自己的岗位上都想被提拔，被提拔才会有更加强烈的工作热情，更有干劲。作为公司的总经理，不能凭感觉盲目地提拔员工，而是要选择适合的人才提拔。不断提升员工能力的过程，其实也是对公司人才的一种更新。

8.把开拓型人才纳入麾下

现代竞争如此激烈的信息时代，为了发展强大，每个公司都需要一些开拓型人才。因为开拓型人才更加有创造力，想法更加丰富，能为公司注入新鲜的血液。那么，作为总经理，要怎样识别开拓型人才呢？

(1) 主动性：具有旺盛的求知欲和强烈的好奇心。

(2) 独创性：勇于弃旧图新，不墨守成规。

(3) 变通性：联系实际，举一反三，触类旁通。

(4) 独立性：不盲从，不依靠，敢负责任。

(5) 严密性：想象的东西是否可行，还要深思熟虑。

(6) 洞察力：富于直觉，能预见事物的发展趋势。

(7) 坚持力：抓住目标，坚持到底，锲而不舍，百折不挠。

(8) 果断力：能从很多方案中决定最佳方案，坚决实施，不怕诽谤、打击。

(9) 说服力：能说服别人相信自己的决策是正确的。

(10) 想象力：浮想联翩，幻想奇特，有丰富的联想能力。

【一语妙计】无论是在外企、国企还是私企，任何企业的决策层都期盼寻觅到开拓型人才，他们所带来的最可观的利益便是企业经济效益的攀升。总经理善于将火眼金睛注视到开拓型人才身上，必将给企业效益带来很大的突破。

9.发掘员工潜能的八个手段

人的潜力是无限的。作为总经理，要善于通过多种激励方法，把下属中蕴藏的潜在力量充分挖掘出来。具体可以采用以下几种方法：

(1) 树立榜样，典型示范。

榜样是一面旗帜，个性鲜明、说服力强、号召力大，容易引起下属感情上的共鸣，使大家学有方向、赶有目标，因此老板要善于发现典型、宣传典型。

(2) 建立目标，明确任务。

当建立了目标、确定了任务，下属就会感到有奔头，便能充分发挥自身的潜能。

(3) 关怀体贴，以情感人。

关怀的内容是多种多样的，即使是见面打个招呼，也会拉近与下属感情上的距离。

(4) 奖优罚劣，扬善抑过。

惩罚能够化消极因素为积极因素；奖励能够鼓舞人心，激发下属的荣誉感和事业心。

(5) 现场鼓气，正面引导。

打仗需要鼓气，公司的各项管理活动也需要鼓气。经常为员工鼓气，正面引导将会激发员工的潜力。

(6) 自我教育，互相影响。

发掘下属内在的潜力，不仅要靠外界的动力去启迪，而且还要靠下属自我激励。

(7) 以身作则，率先垂范。

总经理严于律己、廉洁奉公，就会激励下属努力工作。

(8) 公布数据，排列名次。

用数据表示成绩和贡献，最能激励下属的竞争意识。看到自己与他人成绩的对比，就会让员工发挥最大的潜力超越自己。

【一语妙计】通常一个人在一个岗位上工作的时间以3~4年为宜。适时地调整那些优秀人才的岗位和职位，对于人才的提高和公司的强大是大有益处的。虽然潜力博大深厚，但要想激发员工的潜能，还需要总经理的巧妙引导。

10.说服员工的三个技巧

总经理的工作意图和方案，必须通过员工来贯彻执行。可是往往会出现得不到员工支持和赞同的情况，这样就需要总经理有理有据地说服下级，使下级真正在思想上通了，才能保证自己的工作意图和方案得到顺利的贯彻执行。那么，作为总经理怎样才能有效地说服员工呢？

(1) 要了解对方，对症下药。

每个人性格、思想、经历等是各不相同的，因此，总经理对下属的真实思想、性格特点、长处与短处、工作中的困难等做到心中有数，才能有针对性地解除他的思想顾虑。

(2) 要平等亲切，以心交心。

为了创造和谐亲切的气氛，从交谈开始，总经理就要注意说话的艺术。总经理在与下级交谈的时候尽量平等亲切、真诚相对，让下属信服。

(3) 要策略灵活，方法得当。

说服人要像练武术那样，灵活巧妙，讲求策略，不能一条道走到黑。因此，在做下属工作的时候要灵活运用，对不同性格的人用不同的方法做通工作。

【一语妙计】当员工不执行命令时，总经理能够巧妙地说服下级将是一件不易的事。说服的方法是各种各样的，只要总经理善于因人而异，方法得当，再加上有理有据，持反对意见的人也是可以被说服的。

11.用活、用绝激将法

中国有句俗语，“请将不如激将”，在用人上亦是如此。运用激将法时，有着很大的技巧性。愚蠢的激将法，往往是用嘲讽、污蔑的语言将对方激怒，使其拼死一搏。而一个优秀的总经理所用的激将法是聪明的激将法，可以使用这样几种方法：

（1）对比激将法。

这是要借用与第三者的对比反差来激发员工的自尊心、好胜心和进取心。

（2）绝路激将法。

俗话说：“置之死地而后生。”总经理若想让一个公司“活”起来，就要想办法让员工们知道自身公司处于“绝地”的处境。

（3）煽情激将法。

这种方法需要用具体的有感染力的描述，用富有煽动性的语言激起人们心中的激情、热情。

（4）巧妙激将法。

这可以根据年轻员工争强好胜的特点，也可以利用老员工自尊心强的特点，你越说他不中用，他越不服，越能表现出勇敢。

【一语妙计】当员工意志消沉的时候，总经理可以尝试使用激将法。适度的激将法会让员工有责任感，激发他们的英雄气概，唤起他们的自尊心。

12.让年轻的员工有奔头

年轻员工在选择公司时，很看重的一点就是工作要有奔头。他们思想活跃，不安于现状，有着强烈的进取心。作为总经理，在考虑公司发展壮大的同时，也要满足这些年轻员工的想法。那么，怎样使年轻员工发挥激昂的士气呢？

(1) 提供期待的知识和发展的机会。

给员工提供期待的工作知识，让个人有机会自由发挥其主张与才能，使他们能有成就感和自信，并有效地学习、工作和认识组织。

(2) 良好的工作环境。

愉快的工作环境可视为一种保障，它对员工没有激励效果，但缺乏此项因素时会造成员工的不满。

(3) 重要的、安全的工作。

虽然工作安全不是员工的主要考虑因素，但经营不善会造成所有员工士气低落，停业或免职的传闻必然会引起员工不安。

(4) 绩效评估与反馈。

持续评估员工绩效，对其工作绩效一定要加以反馈，以增强个人学习效果，也要让个人了解绩效的评估方法。

(5) 明确公平的薪资制度。

年轻员工尤其重视薪资计划的公平，他们领到高薪时会觉得待遇公平而感到满足，激励员工应以报酬系统来确认员工的成就与进步。

【一语妙计】最好的方法就是让年轻人有奔头，满足年轻人对未来的需求，将公司的发展前景呈现给员工，让他们愿意长久地为公司效劳。

13.适度施压是用人的法宝

适度施压是培养人才、发现人才的一大法宝。作为总经理，如何运用掌握的权力，对下属适当施加压力，使其充分发挥潜能，是获得成功必修的科目。

(1) 要施加压力，逼出人才

有些员工如果没有外在的压力，就会满足现状、不思进取，时间一长，必然会惰性大发，影响整个公司的效率。对这样的员工，一定要施加压力，使他过剩的精力得到释放。

(2) 要注意适度施压。

人不是机器，再能干的人也有一定的生理和心理的承受能力，若一味施压，不讲适度原则，那么必然会过犹不及适得其反。

(3) 要认真搞好职位设置。

要本着精简的原则，对所设的每一个职位必须制定出明确的职位标准和任职资格条件，使每一个人都能懂得怎样做才能合乎所在职位的要求。

(4) 要适才适位。

既要防止大材小用，搞人才高消费，又要防止小材大用，造成才超负荷。这两种情况都不符合工作职位挑战性的要求。

【一语妙计】 总经理在用人的时候，可以在职位设置和目标制定上给员工一定的压力，促使员工的潜能发挥到最大。

14.选择副手的六个法则

作为总经理，单靠自己的力量是应付不来所有事情的，都需要副手的协

助。马云之所以能够创业成功，也是因为他有一个强大的团队，有真心帮助他的副手。总经理在选择副手的时候，有以下六个原则：

(1) 参与决策与有效执行法则。

实践证明，副手参与决策程度越高，其责任心越强，执行越自觉，行为越规范，效率越高。

(2) 发挥优势法则。

每个人才都有优势和劣势、长处和短处，因此总经理要善于发现他们的特长，然后根据自己的目标择优选取副手。

(3) 才职相称法则。

备选人才的素质、才能一定要与所任职务的职权、职责、任务相称。

(4) 决策权可转移法则。

总经理所选副手，一定要具备这样的素质，即总经理出差或不在时，能担负起突发的重大问题的决策和组织的重任。

(5) 主动结构法则。

总经理在选配副手时，要考虑所选人才与自己能否合理、和谐。

(6) 人才接受法则。

总经理所选的人才，一定要考察本部门大多数员工对该人才的接受程度，否则可能产生不良后果。

【一语妙计】对于总经理而言，所选拔的副手不仅仅是自己的助手，更是决策集体中的一员，选择一个合适的副手会让自己的工作完成得更加出色，因此必须慎重选择。

15.惩戒就要稳准狠

管理者对下属的工作表现要有奖有罚。适度的惩罚，会增强下属的工作能力。但是，运用批评、惩罚手段要富有技巧性。“打一巴掌很重要，但一定要打得响，打得绝。”具体说来，惩戒下属要做到“稳、准、狠”三原则。

(1) 要稳。

惩罚不当会带来抵制和报复，因此在动手之前首先要想到后果，能够拿得出应付一切情况的可行办法。

(2) 要准。

批评、惩罚要直接干脆，直指其弱点，直刺其痛处，争取做到一针见血。要具体问题具体分析，避免扩大批评范围，引起下属的不满。

(3) 要狠。

一旦认准时机，便要出手利落、坚决果断、毫不留情。切忌犹疑不定、出尔反尔。杰出的总经理的经验是：“一旦采取坚决措施，便要变得冷酷无情。”

【一语妙计】惩戒下属是帮助团队提高战斗力的很好的方法，同时也增强了自己的领导地位，树立了威信。惩罚下属不能盲目，要稳准狠，针对所犯错误进行尖锐的批评，帮助下属改正。通过对下属的批评指导，提高其工作能力，为公司培养出一批精兵强将。

16.人无完人，关键是各取所长

胡雪岩认为：“人无完人，一个人是不是人才，只看怎么用罢了。”尺有所短，寸有所长，用人之所长是一种奇妙的艺术。每个人能力的闪光点不同，要想让人才发挥他独特的才能，就要各取所长，把他放到合适的位置上，壮大公司的实力。要区别对待不同的下属，充分发挥他们的优势。

(1) 对表现比较好的人。

一是用他的长处，让他用自己的业绩显示自我。二是用人才互补结构弥补他的短处，保证他的长处得以发挥。

(2) 表现一般的人。

给其在他人面前表现自己的机会，求得别人的信任和自己的心理平衡。也要注意鼓励他们用自己的行动证明自己的能力。

(3) 表现较差的人。

可以给他们略超过自己能力的任务，使他们得到成功的体验，建立起“可以不比人差”的信心，同时注意肯定他们的长处。

(4) 对有能力、有经验、有头脑的人。

可以采取以成果管理为主的方式。在目标、任务一定的情况下，尽量让他们自己选择措施、方法和手段，自己控制自己的行为过程。

(5) 对个性突出，缺点、弱点明显的能人。

一是用长。长处显示出来了，弱点便被克制，也容易得到克服。二是做好思想和情感沟通工作。

(6) 对道德上有缺陷的能人。

对这样的人要任其副职，以正职制约；派给他能够监督与约束他的工作人员，并且还要在职能权力上对他进行约束。

【一语妙计】人无完人，关键在于怎么利用。如何凭自己的眼光判断人才的能力、品性，如何收服各种人才使其乐为所用，这都是管理者要深思的问题。

17.控制下级的必杀技

控制下级的艺术，是管理者因现实需要而采取的具体手段和技巧。每个人的客观环境、主观条件和现实需要不同，控制下级的方法和手段也多种多样。

(1) 以影响力为主，权力为辅。

若总经理光明磊落、大公无私、先人后已、宽宏大度、多谋善断，就会在下级心中建立威信，使下级佩服和信赖，乐于服从他的领导，并自觉而有效地维护他的权威。这就是影响力控制。

(2) 先于人而动，防患于未然。

善于控制的总经理，总是掌握主动，先于人而不后于人。如何才能先于人而不后于人呢？这就要求总经理加强前期控制，同时加强对权力运行的估计和预测，并采取应对措施。

(3) 宽严相济，恩威并重。

总经理在控制下级时，既不能过宽也不能过严，要宽严相济、宽严适度。既不能使下属傲慢妄为，又不能使下属笨手笨脚、顾虑重重。既能大胆放手，又能把握方向，使下属有所为。

【一语妙计】总经理在善用下级的同时还要学会控制下级。掌握控制下级的技巧，才能让下属的工作完成得更加顺利出色。

18.不同阶段的用人策略

日本经营之神松下幸之助说："企业最大的资产是人。"因而，人才与公司的发展是息息相关的。公司发展一般可以分为初始期、成长期、成熟期、衰退期四个阶段，总经理的用人战略应该根据不同发展阶段的资源和战略而定。

(1) 初始期：师父带徒弟战略。

这一阶段，公司的成长主要依赖于创始人，普通员工的重要性表现得不是很突出，因此要求总经理投入大量的时间和精力。

(2) 成长期：用人才"解渴"战略。

在公司的快速成长期，市场、产品已不是发展的瓶颈，此时公司面对的是人才短缺的困扰。公司可考虑聘请专业咨询公司进行组织结构设计和人力资源体系的建立，度过成长期的阵痛。

(3) 成熟期：资源整合战略。

进入成熟期后，其计划、组织、管理开发等系统已经比较完善，但是公司庞大的规模和增长速度下降常常带来内部沟通不畅、人员发展机会减少以及并购后职工间的文化冲突等问题。

(4) 衰退期与复苏期：人才转型战略。

在衰退期，打开市场、降低成本、尽快走出低谷是这一阶段最紧迫的问题。裁员往往是衰退期公司的不得已选择。公司要拓展新的业务领域，招聘和培养新业务的人才，为重整山河做好人力资源方面的准备。

【一语妙计】比尔·盖茨说："一个公司要发展迅速，得力于聘用好的人才，尤其是需要聪明的人才。"在人才的选用上也要结合公司的发展阶段进行考虑。

19.确保下属干劲冲天

一个好的总经理，在带领公司发展的道路上能够带动下属的工作热情，让他们充满干劲。下属都具有初生牛犊不怕虎的冲劲，但要如何激发出来，还需要总经理动动脑筋。以下几条建议能够使下属的冲劲发挥到最佳境界：

(1) 为下属创造成功的机会。

总经理必须先让下属做成几件事，让他树立信心，感觉到自己也很重要，自己能办好很多事，这就是激发下属去主动办好一件事的有效方法。

(2) 适当奖励。

下属办成事后，要注意给予一定的奖励，使其认识到办好事情是有利可图的，是可以得到上司赏识的，在这种利益的刺激下，他们更容易成功。

(3) 安排下属到他最适合的岗位上。

人只有在做自己愿意做的事时干劲最大、劲头最足，效率也最高。因此调动他们做自己喜爱的工作，是激发工作热情的重要方法。

【一语妙计】公司的未来要靠员工的激情烘托起来。能够激发下属的工作激情，鼓足干劲是总经理需要承担的。员工一般会在竞争对手强大的时候、被尊重的时候、总经理与他同甘共苦的时候、被委以重任的时候，显得越发有干劲。

20.如何说员工才愿意听

不管是老板还是总经理，充当的不仅是管理者的角色，还扮演着沟通者的角色。总经理说话的含金量不在于和员工说了多少，而在于说了什么。那么，总经理要怎样与员工对话，才能让员工愿意听呢？

(1) 我打算在这一情境中说什么？

(2) 这一信息应该告诉给谁？多少人将会受其影响？

(3) 在传达信息时，我拥有可靠的事实吗？

(4) 如何最好地表述信息使听者能够理解？

(5) 他们会在第一次就获得信息吗？信息需要重复吗？

(6) 听者可能做出什么样的反应？他们会有不同意见吗？

(7) 为了得到你希望得到的反应，需要对信息进行包装吗？

(8) 在下达指示时，是否还需要当场示范？为了进行这种示范需要做些什么工作？由谁来进行示范？

(9) 接受指示的人需要有时间进行练习吗？要多长时间？

【一语妙计】不仅要思考自己打算说什么，还要考虑员工会如何获得和理解信息，甚至还要想到接受者可能做出的反应，只有这样才能换来有意义的沟通。

21.设计员工喜欢的工作

人才是推进公司发展壮大的源泉。要想让公司得以发展，就要关注员工对工作的期待。“以事为主”的工作方法已经落伍，现在提倡的是“以人为主”。总经理必须明白，只有设计出令员工感兴趣的工作，才能对员工起到激励作用。

要想设计出让员工满意的工作，需要做到以下几点：

(1) 为员工设计的工作，内容要尽量多样化。

总经理可以通过任务合并等方式对工作内容予以扩展，通过工作内容不断对员工提出学习新技能的要求。

(2) 尽量纵向扩展工作，增强员工的自主性。

总经理可以让员工自己选择工作方法，确定工作缓急顺序、节奏快慢与起讫时间，以满足员工的个人成就感。

(3) 打通相应的反馈渠道。

在使用这种方法时，最好能让员工本人直接得到有关的真实信息，而不要通过上司间接地传达给他，这样可以帮助员工知道自己的工作干得是好是坏。

【一语妙计】因为喜欢，所以执着；因为执着，所以成功。为员工设计他们喜欢的工作会加深员工对个人工作的热爱，也能够让他们富有激情，为公司贡献最大的热忱。

公司做强研究

——如何把民营公司做大、做强、做精、做久

第六章
质量之道：
有质量未必成功，没质量一定失败

在那些亏损倒闭的公司中，质量成了说起来重要、做起来次要、忙起来不要的东西。殊不知，忽视了质量问题，公司的生命将慢慢地受到蚕食，长此以往，最终被市场无情地淘汰。

有质量未必有市场，没有质量就一定没有市场。做生意，必须先抓产品质量，否则，即使品牌树立起来了，也不会长久。谁敢在质量上动手脚，不仅公司难以做大做强，更会遭受灭顶之灾。

质量语录

20 世纪是生产率的世纪，21 世纪是质量的世纪，质量是和平占领市场最有效的武器。

——约瑟夫·朱兰博士（美国著名质量管理专家）

谁不重视质量，谁要是砸牌子，我就砸谁的饭碗。

——李国璋（湖北兴发化工集团股份有限公司董事长）

将良品率预定为 85%，那么便表示容许 15%的错误存在。

——菲利普·克劳斯（质量管理大师）

1.质量是公司的生命

美国著名质量管理专家朱兰博士说过："提高经济效益的巨大潜力隐藏在产品的质量中。"产品质量，在保证顾客满意的同时，是不是也有其固有的指标呢？答案是肯定的。一般而言，下列几个标准是消费者首选的标准：

（1）安全性。

安全是消费者对产品质量最基本的要求。很难想象刹车容易失灵的汽车会得到消费者的青睐。

（2）耐用性。

消费者一般都比较实际，比较容易选用耐用的产品。当然耐用性要有一定限度，如制造出来的价格昂贵、能穿多年不坏的皮鞋不一定能赢得多少消费者。

（3）新颖性。

喜新厌旧似乎是人类的特点之一，新颖性能使消费者产生美好的视觉方面的效果。

（4）适用性。

有时候并不一定质量越高越符合消费者的需要，相反，质量过高还可能形成质量过剩。

【一语妙计】质量就是生命，效益决定发展，在竞争激烈的商场上，质量是赢得客户信任的基本砝码，有了质量才能占有市场份额。

2.事后控制不如事前控制

台湾企业咨询师陈燕说："中国公司以事后控制为主，经营效果较差；

美国公司以事中控制为多见，经营效果较好；日本公司以事前控制见长，效果最好。”

如果总经理只喜欢“救火”英雄，而不重视“防火”者的功劳和作用，那么“火灾”就会越来越多。“防患于未然”永远都是第一位的，为此总经理必须做好下面两点：

(1) 对下属的考核应该保持清醒的头脑，不要忽视那些真正为企业做贡献的默默无闻的“防火”员，应该给他们记头功。

(2) 管理后勤保障部门就是保证整个公司有序高效运转，为公司正常的运转提供稳定优良的平台，为公司创造一个优良的内部和外部环境。

总之，对于一名管理者来说，最重要的莫过于能做出正确的判断，采取相应的措施，防患于未然。

【一语妙计】事后控制不如事中控制，事中控制不如事前控制，可惜多数总经理未能体会到这一点，等到错误的决策造成了重大损失才寻求弥补，结果是为时已晚。

3.追求从数量型向质量型转变

重视产品和服务的质量，不是为了追逐利润而单纯求数量，这是提升公司竞争力、把公司做强的不二法门。阿里巴巴总裁马云也说过：“没有品质作保证，冲得快，死得更快。”

(1) 把质量做实。

质量，容不得一丝马虎。在质量上偷奸耍滑，注定吃大亏。先把质量抓好，踏踏实实做好产品，而后再追求数量，才有意义、有价值。

(2) 质量是基础。

一些公司取得了一定成绩以后，就开始求快，追求立即见效的经营策略，有的痴迷于风险投资、资本运营；结果，许多公司尽管完成了规模扩张、大规模并购，甚至完成了公司上市，但是公司的产品和服务质量没有跟上，最后真正成功者寥寥无几。

【一语妙计】公司经营如果身处零售行业，或者从事产品制造，由于受到标准化过程的控制，那么公司就更容易向数量方面发展而忽视质量和服务。

4.售后服务上乘，用户放心

产品质量除了具体的指标以外，售后服务质量也是产品质量的重要组成部分。提供上乘的售后服务，就要做到以下三点：

(1) 打通与客户的后续沟通渠道。

要在交易完成之后与客户的进一步沟通中，努力使他们产生更加愉快的体验，这是打通与客户后续沟通渠道的重要方式，也是建立稳定客户群的最佳方式。

(2) 勤于向客户表示关切。

对客户表示关切其实并不难，有时候只需要一句贴心的问候，送上一些小礼物。对于售后服务来讲并不是讲究技巧，而是保持一种关怀客户的态度和拥有一颗真诚待人的心，以及一份愿意为客户服务的勤劳。

(3) 尽可能地为客户提供方便。

要想使客户在交易完成后对你的产品保持尽可能长时间的青睐，首先应该让客户感受到使用和享受产品的种种方便。最基本的工作如为客户安装产品、指导客户使用产品、介绍某些操作技巧等。

【一语妙计】产品质量与服务质量是并驾齐驱的。售后服务做不好，就会使公司亏损，现在有很多新产品上市后，顾客不敢买，怕产品质量不好，坏了又怕没人修，可见售后服务至关重要。

5.先有品质，后有品牌

单从字面上看，品牌是由“品”与“牌”两个方面构成。“品”就是品质、质量。品牌首先体现在产品的质量上，没有好的品质作为支撑，再好听、再上口的名字也都是空中楼阁、海市蜃楼。

国美的做法是，更加重视对门店的精细化科学管理，来提高门店的经营质量，提升每个区域的整体竞争实力。具体实践中，国美是这样操作的：

(1) 提升门店的市场竞争实力。

在坚持发展单一业态模式下，对门店进行区分，准确定位设定旗舰店、标准店、社区店和专业门店，并依据不同标准进行差异化经营，服务不同的目标消费群体。

(2) 优质服务不打折扣。

国美的价格优势建立在“向服务要竞争力”的基础上。连锁企业生存基础是成本领先战略，而连锁企业发展的基础则是优质服务的保证。

(3) 坚持店铺数量和质量双重领先。

在世界零售行业，店铺数量超过1000家的企业，其销售额与店铺面积成正比。国美既走扩张的道路，也不忽视整体质量的提升，从两方面积极塑造品牌的价值。

【一语妙计】质量就是生命，效益决定发展，在竞争激烈的商场上，质量是赢得客户信任的基本砝码，有了质量，才能占有市场份额，实施名牌战略，占有优势地位。

6.质量管理的八项原则

国际标准化组织（ISO）吸纳了当代国际最受尊敬的一批质量管理专家在质量管理方面的理念，结合实践经验及理论分析，总结出了质量管理的八项原则：

（1）以顾客为关注焦点。

顾客是公司存在的基础，如果公司失去了顾客，就无法生存下去。

（2）领导作用。

即最高管理者具有决策和领导一个组织的关键作用。

（3）全员参与。

领导应赋予各部门、各岗位人员应有的职责和权限，为全体员工制造一个良好的工作环境，激励他们的积极性。

（4）过程方法。

为了公司有效运作，必须识别并管理许多相互关联的过程。

（5）管理的系统方法。

包括确定顾客的需求和期望，建立组织的质量方针和目标、评审改进措施和后续措施等。

（6）持续改进。

持续改进总体业绩应当是公司的一个永恒目标，其价值在于追求不断提升质量。

（7）基于事实的决策方法。

有效决策是建立在数据和信息分析基础上的，成功的结果取决于活动实施之前的精心策划和正确决策。

（8）与供方互利的关系。

供方提供的产品对组织向顾客提供满意的产品可以产生重要的影响。因此把供方、协作方、合作方都看作组织经营战略同盟中的合作伙伴，形成共同的竞争优势。

【一语妙计】美国著名质量管理学家约瑟夫·朱兰博士说："20 世纪是生产率的世纪，21 世纪是质量的世纪，质量是和平占领市场最有效的武器。"以上八项原则适用于所有类型的产品和组织，成为质量管理体系建立的理论基础。

7.进行全面质量管理

公司内部的质量管理不是孤立的，从原材料的购置到产品投放市场，每一环节都存在着质量管理的工作，质量管理工作贯穿于财务管理、生产管理、营销管理、成本管理之中。质量管理无时不有，无处不在。

(1) 要有针对性地建立、健全与质量管理有直接关系的产品生产制度、检验制度等。

从操作的角度看，公司的管理制度不在多，在于精，在于管用。严格管理是出质量的前提。从原材料的购置、控制生产过程到检验每个环节都要抓好落实。

(2) 把关质量管理的最初环节——原材料进厂。

这个时候发现问题还来得及处理，给公司造成的损失还不算大。如果原材料进厂这一检验关没有把握好，此后的全部流程都是在无质量保证的情况下瞎忙，给公司造成的损失就大了。所以，质量要全面抓，从公司的采购部门抓起。

(3) 要健全公司质量检验的岗位责任制。

有的公司管理得很好，每个出厂产品上都打着标签，上边记载着检验员的代号、生产工人的代号。如果出了问题，一查便知道谁是生产者，哪位检验员的工作马虎，该打谁的板子，一目了然。

【一语妙计】“全面质量”不仅指产品服务质量，还包括工作质量，是用工作质量来保证产品或服务质量。它强调“好的质量是设计、制造出来的，而不是检验出来的”。

8.建立一套严密的生产标准

产品品质是一种核心竞争力，是消费者和客户埋单的基础。许多产品能够在市场上成功，靠的就是品质过硬，产品质量标准执行得好。

规定产品质量特性应达到的技术要求，称为产品质量标准。产品质量标准是产品生产、检验和评定质量的技术依据。

(1) 产品质量特性一般以定量表示，例如强度、硬度、化学成分等；对于难以直接定量表示的，如舒适、灵敏、操作方便等，则通过产品和零部件的试验研究，确定若干技术参数，以间接定量反映产品质量特性。

(2) 在产品质量标准表上，会列出“产品质量尺寸表”，包括“说明”“尺寸容差”等数据统计。而“允许不良程度”则是对数据标准的误差程度划分，分成“A 级品”“B 级品”“C 级品”等。

(3) 报表通常会列出“不良原因分析”，这是对产品质量标准改进的意见和建议，是从技术角度进行的科学分析。

【一语妙计】不同的标准，会带来不同的产品品质。要想决胜市场，必须从产品质量入手，以高品质产品打开局面。

9. 三大缺陷制约质量管理

在日本，质量管理可以通过 QC 小组成为企业内一种全民的自觉行为；

在美国，质量管理由较早的PPM质量目标再到如今的6δ管理，成为公司内一种对卓越持续追求的内在精神。而中国的公司，质量管理却存在缺陷，主要表现为：

(1) 质量业绩管理体系残缺，质量管理的内驱力不足。

如果把质量管理组织体系比喻成质量管理的硬件，质量业绩管理体系就是相应的软件，没有该软件的驱动，质量管理组织体系这个硬件就只能是空壳子。

(2) 质量改进活动体系不健全，质量管理的提升作用不强。

一套质量管理组织体系再好，管理的也不过是已有的质量实现水平，而质量改进活动则不同，它是在不断打破公司质量现实水平的上限，促进公司质量实现水平的实际提升。

(3) 质量管理和业务体系缺乏紧密融合，质量管理的根基不深。

质量管理体系必须牢牢结合业务管理体系，将质量管理工作根植在实际的业务开展过程之中。而从我国多数公司的质量管理体系情况来看，真正做到这种程度的并不多，很难会有好的管理效果。

【一语妙计】质量管理直接决定着质量的优劣，因此对公司的命运也是生死攸关的环节。高效的质量管理会让产品的品质有一个质的飞跃，同时也是公司做大做强的一个基底。

10.抓好源头，抓住关键工序

著名的“帕累托定律”向人们提示了这样一个规律：公司20%的投入占了80%的生产成本，而80%的质量与服务问题，实际出在20%的工序与服务环节上。因此，对公司经营者来说，最关键的是抓质量管理工作的重点，抓好源头，抓住少数关键工序。

(1) 把住容易出毛病的关键工序，就能大幅度提高产品质量和合格率。

即对每个工序进行研究，找出容易出毛病的地方，不断进行质量改进。公司要紧紧围绕生产工序控制建立各种生产制度，通过工序抓产品合格率。

(2) 要抓住关键环节和重要工序，关键是要重视产品质量分析工作。

降低质量成本的投资主要在质量分析上，找出了问题，就有了改进的方向。质量分析工作要由专人来做，公司要舍得投资培养质量分析人员与质量检验人员。

(3) 要注意利用技术革新解决质量问题。

鼓励技术革新人员通过钻研业务，用各种技术手段改革现有设备存在的问题，尤其是对质量有影响的问题。

【一语妙计】质量是维护顾客忠诚的最好保证。抓住了关键工序，就抓住了质量的“牛鼻子”。

11.多听一听顾客的抱怨

顾客抱怨是因为顾客感到不满意。顾客满意度主要涉及三个方面：顾客的期望值、产品和服务的质量、服务人员的态度与方式。当顾客产生抱怨的时候，要怎么办?

(1) 对于顾客抱怨行为应该给予肯定、鼓励和感谢，并尽可能地满足顾客的要求。如果确实是顾客有某些失误，应加强与顾客的沟通，并做出某种解释。

(2) 对于顾客的抱怨应该及时正确地处理，拖延时间只会使顾客的抱怨变得越来越强烈，顾客感到自己没有受到足够的重视。

(3) 对于顾客的抱怨与解决情况，要做好记录，并且应定期总结。在处理顾客抱怨中发现问题，产品质量问题应该及时通知生产方。

【一语妙计】多听一听顾客抱怨，不仅可以增进公司与顾客之间的沟通，而且可以诊断公司内部经营与管理上存在的问题，利用顾客的投诉与抱怨来发现公司需要改进的领域。

12.如何保证客户无可挑剔

挑剔的顾客是推动企业发展的不竭动力。在经营企业的过程中，能够做到让客户无可挑剔则是最为杰出的企业。那么，该怎样保证客户满意呢？

(1) 保证及时提高产品和服务的质量，确保社会声誉。如果我们的产品和服务在社会中形成了良好的口碑，具有较好的社会声誉，那么与顾客形成良好关系就是自然而然的事了。

(2) 努力构建宽松便捷的沟通平台，充分尊重和听取顾客的合理化建议，认真接纳，以求发展。良好的沟通是形成良好稳定关系的有效途径。

(3) 真正树立全心全意为顾客服务的经营意识，永远将顾客的切身利益放在首位，将“顾客就是上帝”的宗旨进行到底。

【一语妙计】质量是要经过市场和消费者认可的，来不得半点马虎，质量检验不能有一星半点的疏忽。顾客就是上帝，一旦确保客户对产品无可挑剔，就能保证质量的优质了。

13.保证进厂原料无瑕疵

对生产企业来说，产品质量应该从源头抓起。所谓源头，即从进厂的那一刻算起，要检测进厂的零件、物料等，从源头打好质量保卫战。

(1) 进厂零件质量检测。

进厂零件的质量检验包括对如下项目的检验：检验项目、参考图号、检验方法、检验设备等。根据检验结果，对几个厂商名单加以总结，就能确定零件供应厂商的资质，为日后生产采购打下基础。

进厂零件既是采购环节的最后一关，也是生产制造工序的开始。显然，如果进厂零件质量有问题，那么从一开始就影响到产品质量，所以，总经理要从源头打好质量保卫战。

(2) 进厂物料质量检验。

与进厂零件相比，进厂物料的质量检验更复杂。

根据"物料名称""物料编号"，会列出进厂物料的"检验项目""检验方法""检验标准编号""抽样办法""及格标准""不及格处置方法"。进厂物料质量检验是采购环节的最后一关。不同的是，物料质量检验涉及质地等诸多要素，针对不同的生产物料有不同的技术检测标准。

【一语妙计】从进厂原料、零件开始检测，真正做到了从源头抓起。企业负责人要做好产品的源头追溯工作，确保每一件产品都能查到源头，找到负责人。

14.抓好现场质量管理

生产现场是影响产品质量5M（人、机器、材料、方法、环境）要素的集中点，搞好现场质量管理可以使公司增加产量、降低消耗、提高经济效益。进行现场质量管理要注意以下几个方面：

(1) 建立质量指标控制体系，从产品技术指标到岗位责任制，从统计方法、考核内容到奖惩制度都必须体现质量第一的思想。

(2) 加强生产原料及工序对产品质量的管理，即对上道工序的来料进行检验、交接、处理，消除混料和不合格品又可避免因产品过多而积压大量的资金。

(3) 根据生产现场的实际需要设置管理点，依靠操作人员对生产工序关键部位或质量特征值因素进行重点控制，保证生产工序处于稳定状态。

(4) 做好生产现场的质量检测工作，设置生产工序自检员，制定自检和互检制度，使自检与专职检验密切结合起来，把好质量关。

(5) 加强现场信息管理，掌握生产原料和产品质量的现状，找出影响质量的原因，分清责任，提出改进措施，防患于未然。

【一语妙计】生产现场质量管理是形成质量产品的第一道关，跳过了它，就会出现劣质产品。把现场质量管理作为第一位，这是生产现场质量保证体系的核心，它是以预防为主，最经济、稳定地保证质量工序。

15.靠技术设备提升质量

科学技术是第一生产力，技术设备在提升产品质量方面发挥着决定性的作用。企业在生产过程中，要在技术上敢于投资，在设备上敢于花钱。

那么，应该如何引进先进技术设备呢?

(1) 对引进技术进行合理选择。

①引进关键技术。关键技术是指在某一包装生产中起主导作用的技术，又称软件。如生产包装材料的配方、工艺等；包装机械中的自控技术、联动技术等；包装容器生产中影响产品质量和数量的关键技术等。

②引进关键设备。关键设备是指在生产工艺中起主要作用、精度较高、难于自制的设备，或是为平衡生产能力、填补空白的设备。

(2) 做好充分的准备工作。

引进技术是一项系统工程，涉及的领域很多，必须认真对待，这是保证引进技术获得成功的前提条件，它包括下列内容：政策准备、队伍准备、材料准备、资金准备、后勤准备。

(3) 重视对引进技术的消化、吸收和创新，使洋为中用、中外结合。

【一语妙计】要想在同行业立足并发展壮大，就必须借助先进技术设备，确保产品始终在同一档次上参与竞争。否则，就无法生存发展，甚至难免“出师未捷身先死”。

16.在检测环节维护好质量

保证产品质量，不能放松生产环节的检验。检测管理的价值在于维护好质量，具体表现在下面两点：

(1) 确保生产原料的质量，避免多余工序积压资金。

在生产过程中，对上道工序的来料进行检验、交接、处理的时候，做到严格把关，可以保证来料质量，消除混料和不合格品投料在生产现场的发生，还可以避免因工序在制品过多而积压大量的资金，影响企业资金周转。

(2) 为高品质的产品保驾护航。

在市场上有竞争力的产品，都有严格的生产检验标准。比如，汇源果汁在生产过程中要经过重重“关卡”。具体来说，公司基地的水果，搭配专业用水，经过操作人员的多次检测和调配，无菌封闭空间再经过高温灭菌、冷却、罐装、检验、贴标、加盖等十几道严密工序，才能生产出合格的果汁。在整个生产过程中，有严格的检验标准可供操作。

【一语妙计】质量管理能力检验总经理的经营指挥素质。没有这种能力，只知道“挑灯夜战”的人是难有所作为的。

17.认识ISO9000系列标准

ISO9000即为“合格评定”，合格评定就是认证。通常的做法是采用一个独立的、公正的、第三方的认证机构来向顾客提供一种承诺。一旦提供这种承诺，公司的风险和认证机构的风险是共存的。

ISO9000 系列标准能给公司带来很多好处。主要表现在：

(1) 强化品质管理，提高公司效益；增强客户信心，扩大市场份额。

对于公司内部来说，达到法治化、科学化的要求，极大地提高工作效率和产品合格率。对于公司外部来说，顾客可以放心地与公司订立供销合同，扩大了公司的市场占有率。

(2) 获得了国际贸易通行证，消除了国际贸易壁垒。

在世界贸易组织内，各成员国之间相互排除了关税壁垒，只能设置技术壁垒，所以，获得认证是消除贸易壁垒的主要途径。

(3) 稳定地提高产品品质。

国际贸易竞争的手段主要是价格竞争和品质竞争。由于低价销售的方法不仅使利润锐减，如果构成倾销，还会受到贸易制裁。所以，价格竞争的手段越来越不可取。

【一语妙计】 实行 ISO9000 国际标准化的品质管理，可以稳定地提高产品品质，使公司在产品品质竞争中立于不败之地。

第七章
品牌之道：
品牌长大了，公司才能长大

百年老店为什么能够基业常青，关键是能够提供始终如一的质量和服务。这种让顾客放心的质量和服务反过来让百年老店成为一种信得过的品牌。一时的广告轰炸可以短时间内创出牌子，但要让牌子维持得长久，还有许多学问值得研究。

卖苦力是一分一分地赚钱，卖产品是一角一角地赚钱，卖品牌是一元一元地赚钱，卖资本是十元十元地赚钱，卖标准是百元百元地赚钱，这是数量等级的差别。很多中国公司企图从产品一下子跨到资本，而没有品牌的中间层，这样跳跃是很危险的。

品牌语录

对消费者而言，品牌是一种经验，是一种特征，更是个性的展现和身份的象征；对竞争对手而言，品牌是一种制约，更是一种难以超越的壁垒；对于品牌自身而言，是一种承诺，是信任，更是信誉上的保证。

——亨利·福特（福特公司创始人）

公司效益好了，品牌却倒了，这不是成功，而是失败；公司效益好了，品牌也立起来了，这才是真正的成功。

——李嘉诚（香港长江实业集团主席）

管理品牌是一项终身的事业。品牌其实是很脆弱的。你不得不承认，星巴克或任何一种品牌的成功不是一种一次性授予的封号和爵位，它必须以每一天的努力来保持和维护。

——霍华德·舒尔茨（星巴克创始人）

1.品牌是企业的聚宝盆

有人把品牌比作聚宝盆，有人把它看作竞争制胜的法宝。就公司经营来说，好的品牌确实有着无与伦比的魔力。

(1) 能够提高公司的知名度，使公司产品获得信任。

具有良好形象的公司本身就容易赢得广大消费者的信赖和好感。该公司的各种产品和服务，都将获得公众的信任，使消费者产生认牌购买行为。

(2) 有助于扩展销售渠道，增加公司的销售业绩。

良好的品牌形象，可以增强批发商、代理商和零售商的销售信心，拓宽销售渠道和销售区域，使许多客户自发地慕名而来，公司的销售额会明显增加。

(3) 鼓舞士气，吸引人才，增强公司的向心力和归属感。

品牌好，知名度高，公司的员工就有一种优越感和自豪感，从而获得心理上的满足，还可赋予职工一种信心，使其坚信公司和个人前途光明。

(4) 有助于公司与知名的国际公司开展合作。

许多公司跨出国门到世界各地投资办厂，以合资企业、合作公司或独资公司与所在国或其他国的公司集团、政府进行合作，这就要求公司本身要具有良好的公司形象。

【一语妙计】品牌作为一种无形资产，所起的作用是很难以数字来估量的。品牌价值越高，面对竞争或危机的反应空间就越大，越能为公司提供更多成长及品牌延伸的机会。

2.保护好自己的金字招牌

福特公司创始人亨利·福特，对于品牌的价值这样表述：“对消费者而言，品牌是一种经验，是一种特征，更是个性的展现和身份的象征；对竞争对手而言，品牌是一种制约，更是一种难以超越的壁垒。”

由此可见，品牌的威力是巨大的。然而，总有一些不法分子以伪劣产品假冒知名品牌趁机涌入市场，对知名品牌造成极坏的影响。一般来说，公司忽视品牌保护的行为有：

(1) 对假冒自己的产品商标行为不追究不制止，听之任之。

(2) 对假冒自己产品外观包装的行为不追究不制止，听之任之。

(3) 对假冒自己产品专利的行为不追究不制止，听之任之。

(4) 对假冒自己商号的行为不追究不制止，听之任之。

(5) 对假冒自己公司名义的行为不追究不制止，听之任之。

【一语妙计】 商标是品牌的标志，是品牌的代表，很多公司都是因为没有品牌的法律观念和意识而没有注册、没有保护，使得公司在走向国际市场时困难重重。

3.给产品起个好名字

俗话说：“人要衣装，佛要金装。”好的产品名称，恰如一块金字招牌，在当今社会，只有那些既有质量又有金字招牌的公司才吃得开。一般来说，公司如果是因为名字失误造成营销失利，可以考虑从以下五个方面来命名：

(1) 目标消费者方面。

一个品牌如果以目标消费者为对象，就能形成一种形象价值，比如，太太口服液，“太太”这一名称就直接表明了这种口服液的消费者群体。

(2) 产品消费感受方面。

可口可乐作为一种饮料，就把消费者消费时能够或期待获得的一种可口的愉快的生理、心理感受作为一种诉求定位点。

(3) 产品情感形象方面。

娃哈哈这一命名之所以成功，除了其通俗、准确地反映了一个产品的消费对象外，最关键的一点是将一种祝愿、一种希望的情感效应结合儿童的天性作为品牌命名的核心。

(4) 产品消费观念方面。

许多品牌要带给消费者的就是一种观念，这种观念本身就成了其市场定位及命名的出发点。比如，孔府家酒，就是把“孔府”这一特定空间所包含的历史和人文观念作为一种定位，并以此进行命名。

(5) 产品形式方面。

在产品的内在特性越来越相同的今天，产品的形式本身就可能成为一种产品优势。比如，白加黑将感冒药的色彩分为白、黑两种形式，并以此形式为基础，改革了传统感冒药的服用方式。

【一语妙计】公司的名字是一个公司的象征和代号，必须能够反映公司的形象和特色，这样才能吸引顾客。它需要考虑如何适应环境来满足人们的心理需求。因此，公司名字的选取一定要用心。

4.通过资本运营加速品牌成长

美国著名投资专家沃伦·巴菲特说：“产业运作是加法，而资本运营是乘法。”通过资本运营而非传统的体制性成长，可以加速品牌成长步伐。通过资本运营加速品牌成长，主要会产生下面两种结果：

(1) 公司品牌成为复合品牌。

如华龙演变为华龙日清，五菱演变为上汽通用五菱。这种复合性的公司品牌策略是出于有意为之的战略性并购目的。复合性品牌结构将使新公司的注意力聚焦于细分市场，其规模化优势与品牌叠加效应将强化专业服务的竞争力。

(2) 产品品牌成为矩阵品牌。

如健康元集团通过资本运营，其品牌矩阵大大强化，除包括以往单纯针对女性市场的“太太”“静心”之外，还将“丽珠得乐”“鹰牌”等医药保健品牌揽入其中，整个公司的市场规模随之倍增。

【一语妙计】由于善用并购、套利交易等资本杠杆，很多国际化公司的规模和品牌影响远远超出了其销售和收入应该达到的水平。这其中的高倍增空间往往由资本运营驱动，品牌资产随之水涨船高。

5.用好品牌权益

如今的消费者都注重品牌，亨氏公司首席执行官托尼·奥赖利说：“一位家庭主妇打算买亨氏的番茄酱，当走进一家商店发现没有时，她就走出这家商店到其他地方去买。”这便是品牌效益的魅力和对品牌的一系列记忆。上述定义中，有两个关键因素：

(1) 一是将品牌作为关系网络的一部分，这种关系网络包括最终消费者、直接消费者、供应商以及其他有影响的团体。如果一个品牌有优势，可以认为网络中的关系就有了优势。

(2) 品牌权益定义中的第二个关键特点就是：它包括了外延头脑，指的是我们记忆能力的电子化延伸。例如，沃尔玛越来越多地使用电子读码器，这些电子化记忆越来越显示出其重要性。

【一语妙计】品牌权益不是通过短期销售额来建立的，而是建立在长期记忆的基础上，这种长期记忆会影响购买和使用行为。

6.小公司对品牌认识的误区

如今竞争激烈的市场，品牌已经不仅是大公司的掌中明珠了，也是小公司要追求的。但是很多小公司都对品牌认识存在误区。

(1) 品牌只有大公司才能做，中小公司做不成强势品牌。

(2) 品牌是个虚无缥缈的东西，没有太大作用。

(3) 做品牌风险太大，中小公司不好把握，搞不好会血本无归。

(4) 有了品牌就出名了，钱还没赚着，就先引来了税务、工商等职能部门的一大堆“麻烦”。

(5) 即使有些中小公司做出了品牌，也存着行为上的误区。比如，做品牌就是打广告、做知名度，再多花一些钱，搞好包装就行了。结果盲目运作，耗资巨大，损失惨重。

【一语妙计】一个中小公司塑造品牌的过程，也就是公司的提升过程；品牌被市场认可的过程，也就是公司由小变大、由弱变强的过程。一个再小的公司，只要确立了适合的品牌战略与战术，它就有可能走向辉煌。

7.管理品牌是一项终身的事业

一个优秀品牌的存在需要长久的维护。品牌让产品升华，品牌做得越久积累越多。但是，我们也必须认识到，真正优秀的品牌是长久的品牌，经受得住市场考验的品牌。

(1) 品牌≠高档。

有人认为，名牌产品必然是高档产品，但事实并非如此。一些标榜高档的产品设计上存在缺陷，导致产品大量积压；而一些质量好价格低的产品却能赢得市场的好口碑。

(2) 品牌≠夸大其词。

广告夸得像花，质量烂如豆腐渣。本想树立品牌，没想到却砸了牌子。只有和广告宣传中标榜的尽可能保持一致，才能切实维护自己的形象。

(3) 品牌≠一夜成名。

有不少商家不愿进行较长时间的品牌营造，而只是借助于新闻炒作和广告轰炸，希望通过短期的宣传造势快速树立公司品牌，这是与创立长久品牌不相符的做法。

【一语妙计】一个优秀品牌的修炼绝非一朝一夕的。一个品牌建立之初，需要殚精竭虑、准确定位；品牌的呵护，需要不惜人力、财力；品牌的发展，也不能抱残守缺。只有这样，它才能在消费者心中形成威势效应和连锁反应。

8.如何进行品牌维系

一个企业从稚嫩走向成熟，不仅要创立品牌，还要维系品牌，这是品牌能够长久存在的基石，也是让品牌变得响亮有力的条件。

(1) 中小公司要具备做品牌的“三好”条件。

①好产品：品牌要赢得消费者的认可，首要条件是产品过硬、服务优良，一整套好的经营理念是支撑一块好品牌的灵魂。

②好队伍：做品牌需要领路人，更需要团队的合作奋斗。人力资源是公司最重要的战略性资源，也是建设强势品牌的根本保证。

③好网络：品牌的确立有赖于好的营销网络将其迅速铺设到消费者最方

便使用的地方。

(2) 在品牌运作上要有全球化的思考和本土化的操作。

中小公司多数是在中国市场土生土长的，应该比外企更加了解自己的市场、自己的文化，在语言沟通、地理优势、人文环境、差异化服务等方面，比外企更有优势和竞争力。如果能够在战略上放眼全球，战术上落实到本土，市场中就一定有一块属于中小公司的蛋糕。

【一语妙计】好品牌除了要在市场上有独特的魅力，还要做好品牌维护。如果忽略了这一环节，那么品牌优势很可能会日益消退。而维系品牌则会让品牌张力越来越强，这是企业越做越强的关键所在。

9.把精力放到品牌管理上

品牌是一点点建立起来的，当创立的品牌有了一定的市场价值，千万不要置之不理。就如著名经济学家王露所说："20 亿的固定资产，由上百人去管理，60 亿的品牌资产却没人问津，没人管。"一旦出现品牌管理的空缺，则会造成很大的损失。为此，要侧重以下三个方面：

(1) 品牌目标。

在确定品牌目标之前，首先要明确公司的战略目标，在公司战略目标基础上梳理出的品牌目标，才能保证公司未来发展的一致性、长期性。

(2) 品牌定位。

品牌定位就是公司在目标市场中给品牌找一个位置，告诉消费者这个品牌是专为哪些人设计的，能给他们带来哪些功能上的益处、情感上的益处。

(3) 品牌传播。

品牌传播包括对内和对外两部分，因为一个品牌的建立是客户所有品牌体验的总和，包括产品、包装、运输工具、销售场所、销售人员言谈举止、客户服务处理、媒体宣传、公司商誉等。对外传播主要通过广告、公关、促销活动、网站、培训等方式实现。

【一语妙计】卓越的品牌不是一个标识，而是一套精心设计的业务系统，其范围包括从最初的原材料选择到最终的用户服务。从某种意义上说，消费者购买的不是产品，而是一个完整的产品体系。

10.同名品牌扩张：产品种类延伸

为了丰富品牌价值，一些企业采取同名品牌扩张的方式，这势必会带来产品种类的延伸。品牌延伸已成为许多世界级公司发展战略的核心。

国内实施一牌多品的公司现在也不少，海尔集团即是其中成功的典范。从做单一产品电冰箱开始，经过多轮兼并组合，“海尔家族”如今已拥有包括电冰箱、洗衣机、空调、彩电、电脑、微波炉、手机等在内的几十大门类上万个规格品种的家电群。

海尔的品牌延伸，主要遵循三项原则：

(1) 品牌延伸要以一定的品牌优势为基础。

(2) 延伸产品与原产品在技术、销售、产品类别上具有较大的相关性。

(3) 延伸产品必须具有较好的市场前景，发展到一定规模后，能在同类产品中位居前三名。

【一语妙计】品牌的价值是企业可以充分利用的。利用同名品牌的扩张，以实现产品种类的延伸，这是众多企业做大做强后应采用的策略，这能使企业的业绩提升一个新层次。

11.异名品牌扩张：产品种类细分

通用电器公司原总裁杰克·韦尔奇说：“市场挑战者与攻击者的惯用手法是发展一个专门针对某一细分市场的品牌来蚕食市场。”

这就是一类产品多种品牌策略，简称“一品多牌”。比如，通用汽车公司有“凯迪拉克”“别克”“实斯摩比尔”“雪佛兰”“庞蒂克”等品牌。采用这一策略，原因有以下几点：

(1) 多占货架面积。多个品牌就可以取得更多的货架面积，增加了本公司产品被选中的概率。

(2) 给低品牌忠诚者提供更多的选择。低品牌忠诚者或无品牌忠诚者常发生品牌转移，截获品牌转移者的唯一方法是提供多个品牌。

(3) 降低公司风险。没有将公司的美誉维系在一个品牌的成败上。

(4) 鼓励内部合理竞争、激扬士气。同类产品的不同品牌管理者之间适度竞争，能提高士气和工作效率。

(5) 各品牌具有不同的个性和利益点，能吸引不同的消费者。这一点是最实质的原因。

【一语妙计】在进行异名品牌扩张时要注意：同一公司引入“一品多牌”的终极目的是用不同的品牌去占有不同的细分市场，联手对外夺取竞争者的市场份额；在营销和广告策略上应充分体现各品牌之间的差异。

12.品牌组合成功之路

品牌组合策略就是公司根据其经营目标、公司实力及市场需求情况，对品牌组合的广度、深度及关联性进行有机组合的决策。

品牌组合受多方面条件的制约，主要有以下四个方面：

(1) 受资源条件的限制。

一个公司所拥有的资源总是有限的，而开发新的资源通常会受到很多条件的限制和影响，并不是需要什么都能得到，因此，生产新产品，必须有其所需要的资源作为保证，即资源数量充足、质量符合要求、价格合理。

(2) 受公司自身条件的限制。

公司的厂房、设备、技术工艺、人员、财力等众多的条件都影响和制约着公司品牌组合的广度、深度和关联性。

(3) 受市场需求条件的限制。

公司只能按照市场的需求开发、研制、生产和经营具有发展前景的系列产品。

(4) 受竞争对手的限制。

同一种产品可能会有许多公司开发、研制和生产经营，公司之间互为竞争对手，谁的实力强，谁就可以占有更大的市场，条件差的可能无力打入市场。

【一语妙计】扩大品牌组合是为了更广泛地占领市场，使公司获得更大的利润；缩减品牌组合是为了使公司集中精力生产经营较少系列产品，提高专业化程度，以专业精品系列来获取较多的利润。

13.实行多品牌架构

宝洁就是典型的多品牌架构，它有80多种品牌，这些品牌与宝洁以及这些品牌彼此之间，都没有太多的联系，比如其洗发水品牌在中国就有飘柔、海飞丝、潘婷和沙宣等。多品牌架构的优点有四个方面：

(1) 使公司可以根据品牌的功能性优势来给品牌定位，并控制相应的市场领域。如飘柔的柔发功能、海飞丝的去屑功能、潘婷的润发功能和沙宣的美发功能，可以独立瞄准各自的目标人群。

(2) 能够避免认知不协调的品牌联想，如百威啤酒与百威可乐的成功。

(3) 通过使用反映产品某个关键优势的叫得响的名称，来获得新产品的层次联想，如丰田推出的凌志就获取了豪华车的声望。

(4) 在竞争性的渠道里销售通常不会有激烈的冲突，同时占领更多的陈列空间。

【一语妙计】作为总经理，必须知道商场上的任何活动都不是没有危险的，多品牌建构也有缺点：一是开发新的或单独品牌是昂贵的，没有充分的财力支撑，只能望洋兴叹，宝洁一年的广告费就有几十亿美元；二是多品牌的管理是极端困难的，无数仿效宝洁的企业都走向失败，就是低估了管理难度。

14.攥紧拳头打天下

单品牌架构又称为统一品牌，这样可以将五根手指攥成拳头使出最大的力气，这是最强的一种品牌结构协同。

单品牌架构的优点主要有以下几个：

(1) 能使清晰度最大化。

顾客能够很清楚地知道他们能得到的东西来自何方、有何特征，如顾客知道海尔电视、冰箱、空调、手机等都来自于海尔公司，都会有基本的质量保证以及优异的售后服务。

(2) 能最大程度地实现协调。

因为参与某个产品市场所创造出的知名度必将有益于其他市场，同时由于品牌在某个环境中不断曝光使人们更为熟悉，从而加强了所有环境中的品牌形象。

(3) 共享品牌资产，品牌化的组合策略。

这种高度的协同，常常能使品牌组合的范围在最低预算的情况下，走到远得不能再远的地方，比如，维珍从维珍音像一直走到维珍航空、维珍快递、维珍广播、维珍铁路等风马牛不相及的领域。

【一语妙计】单品牌架构的缺点在于：由于业务单元各有其差异性，品牌识别势必具有独特性，过分的品牌结构协同效应有可能使这种独特性削弱，最终将损害品牌的优势。

15.给品牌准确的市场定位

一个品牌的消费者定位决定了品牌的定位，几乎等同于品牌定位。为了赢得消费者青睐，应该怎样给品牌进行正确的市场定位呢？

(1) 低端品牌，沟通定位需要更低。

这个群体，对价格的敏感度很高，反而对品牌的忠诚度有限。在品牌表现中的沟通人群就可以是工薪阶层或更底层的“打工一族”，连他们都能买得起的产品，性价比绝对没的说。

(2) 中高端品牌，沟通定位需要走高。

对定位中高端、产品单品价值较高的品牌而言，此类目标群体更注重品牌的情感体验，更愿意为品牌附加价值埋单，所以在品牌表现中可以适度地提升他们的生活品质，描绘更绚丽的品牌童话。

(3) 超级品牌，沟通定位着重人性的释放。

凡超级品牌者，目标群体一定是与之完全对应的“超级人士”，拥有同等消费力的群体数量是有限的。而有能力消费此类品牌的受众，无须在乎他人的眼光，无须通过他人的肯定来展现成功，反而更追求自我的率真。

【一语妙计】品牌的市场定位，就是要确定企业的品牌情感到底要凝聚在谁的身上。市场定位要快，品牌定位要准，消费者定位要狠，沟通定位却要根据实际情况能屈能伸，或许定位的奥妙也正在于此。

16.掌握最流行的品牌策略

品牌是21世纪公司最重要的资产，成功的创造与管理可以让品牌产生意想不到的魔力来影响消费者。所以发展中的企业在设计、使用品牌时，有以下策略可以选择：

（1）厂牌与定牌策略。

厂牌即制造商为自己生产的产品设计的品牌，是制造商按中间商的设计要求制造产品，品牌即为定牌。谁是产品的责任者，品牌就归谁所有。

（2）公司品牌与专用品牌策略。

产品的品牌用公司名，称为公司品牌策略。如德国大众公司生产的汽车用“大众”做牌子，这一策略有利于打广告时突出公司形象，但当产品在质量和服务内容上有差别时，可根据不同产品来设计专用的品牌，称为专用品牌策略。

（3）系列品牌策略。

①个体品牌策略。即公司对自己不同质量档次的同一类产品，分别设计不同的品牌。如冠生园生产的奶糖有“大白兔”“米老鼠”等。

②家族品牌策略。即公司给自己生产的所有产品都统一使用一个品牌。如日本的索尼、日立、东芝等，使这些公司长盛不衰。此策略适用于公司原有品牌知名度高的情况。

（4）市场化品牌策略。

市场统一品牌策略。指公司一个产品用一个品牌，如“可口可乐”。它有利于公司产品在国际市场上被识别，也显示公司产品质量和技术优势。

【一语妙计】 随着时代的进步，品牌建设也必须与时俱进。要针对品牌的特性和含义去量身定做合适的宣传策略，这样才能达到提升品牌的目的，才能为企业的发展带来收益。

17.公司标志要有新意

公司标志（也包括商标，即商品的标志），是用图案来表现的视觉识别的基本要素，它与公司名称——用文字表现的识别要素是相辅相成的。

设计标志必须注意以下几点：

（1）公司标志必须通过运用图案和色彩来充分反映公司的理念。

在视觉识别中，公司标志占有相当重要的位置，公司标志应是公司理念、特征和文化的象征。因此，公司标志必须体现出这种精神，而不能只理解为一个简单的图案而已。

（2）由图案和色彩组成的标志，要含义明确、形象鲜明。

公司标志的设计还要形象鲜明，给人以深刻的记忆。

（3）公司标志还要体现公司的独立性。

公司标志应该在众多的标志中能较快地引起人们的注意。所以，标志的设计是一项十分重要的具有创造性的劳动。

【一语妙计】品牌图案与色彩以不同的表达方式来感动消费者，具有另一种吸引力。

18.斜坡理论：反复抓，抓反复

海尔集团总裁张瑞敏提出了“斜坡理论”，他说：“贯彻或者一种规章制度的要求，今天达到了，明天可能就达不到。比方说要求你将桌子擦干净，今天你擦干净了，明天就差点，后天可能就不擦了。因此就必须不停地要求，我们自己把这叫作‘反复抓，抓反复’。”

(1) 警惕品牌走下坡路。

在企业管理中，刚开始可能培养了一大批有用人才，专业技能也很好，能够保证质量过关。但是，一旦松懈下来，不去反复要求了，质量很可能就会出现瑕疵，走下坡路。张瑞敏说："公司里的外国人到现在也理解不了，告诉他这样做，他也会做了，怎么过一个礼拜就走样了，就干得不对了？你基础工作稍微差一点，就要滑下去，一旦滑下去，你这个名牌就完了。"

(2) 不轻视品牌商的微小差别。

从产品上来看，可能差距不大，可能是那儿有点粗糙，这儿不够光滑，可就是差那么一点，恰恰看出了公司在管理上和人员素质上的巨大差异，这直接影响了品牌的含金量。

所以，海尔的这个"斜坡理论"就是要顶住，不要让它滑下去，始终保持优质的产品，不断完善的质量。

【一语妙计】人都有惰性，同样的事情经常要求和管理，达到的效果是不同的。这就要求企业在产品管理环节要做到"反复抓，抓反复"，让产品质量能够一如既往地保持在领先水平。

19.三招打造核心品牌

(1) 做生意要树立品牌意识。

价格战是决胜市场的利刃。许多商人为了抢占市场，不惜屡屡拿起价格屠刀。但是，缺少品牌意识，只能在低端市场抢饭吃。品牌意识差，还会制约企业发展，影响生意做大。

(2) 品牌带来倍增利润。

卖苦力是一分一分地赚钱，卖产品是十元十元地赚钱，卖品牌是百元百元地赚钱，这是数量等级的差别。声名显赫的招牌已深入人心，颇得消费者信赖，也为新的竞争对手的介入设置了很高的门槛。

(3) 品牌让生意永远延续下去。

李嘉诚说:“公司效益好了,品牌却倒了,这不是成功,而是失败;公司效益好了,品牌也立起来了,这才是真正的成功。”所以,牌子绝对不能倒!只要牌子不倒,即使公司出现暂时的困难,也还能立起来。树立品牌,护好品牌,应该成为公司的一个重要发展战略。

【一语妙计】品牌最核心的评价标准应当是寿命,长寿了才有资格作为品牌,而长寿的基础是持续经营,就是持久地创造价值、不断地运营下去。这是企业自身经营能力的体现,这种经营能力才是品牌经营的根本。

20.莫走入买断的圈套

许多公司的品牌常被经销商买断,公司通过这种形式与经销商建立一种长期的共存共荣的关系。但是,公司推行品牌买断制,如一招不慎,将带来巨大的营销管理风险。

(1) 公司品牌的塑造维护将遭遇更大的挑战和困难。

一个公司核心品牌只能是一两个,不可能“多生快生”,如果是“多生快生”,只能越生越乱、越生越穷。

(2) 容易诱发窜货压价的市场秩序混乱行为。

品牌买断制另一不利因素就是,一些经销商常打着名优公司的旗号推广低劣产品,出现公司形象与产品形象格格不入、假冒伪劣趁乱而入的局面。

(3) 公司的售后服务体系也将受到损害。

在品牌买断的情况下,经销商关心更多的是个人利益能否实现,至于对消费者的服务承诺,并不一定是他们注重的问题。这种情况使公司关于质量、价格、服务等投诉增多,导致一次性消费不断衍生。

【一语妙计】品牌的买断虽然有它存在的意义,但是任何事情都是有利就有弊。关键是如何化解弊的方面,实现公司目标和利益最大化。

第八章
营销之道：
营销对路，发展才能对路

最悲哀的事莫过于：产品一个个冒出来，企业一个个倒下去！历尽千辛万苦，费尽九牛二虎之力的产品为什么前仆后继地从市场上消失了呢？关键是许多总经理并不真正懂得营销，否则的话，事情就不会这么被动和糟糕了。

营销定位成功的例子比比皆是，戴尔电脑成功于易接近性，星巴克成功于独特体验，沃尔玛成功于天天低价，而它们的产品并非与别人有多大的不同。国际营销学大师菲利普·科特勒说：“解决定位问题，能帮助公司解决营销组合问题，营销组合——产品、价格、渠道、促销——是定位战略战术运用的结果。”

营销语录

“只有淡季思想，没有淡季市场，只有疲软的思想，没有疲软的市场。”

——张瑞敏（海尔集团总裁）

“先模仿，再用自己的优势挤压对方的市场空间。能够笑到最后的人，才是真正的胜利者。”

——比尔·盖茨（微软公司创始人）

“重大的营销决策，从未曾依数量资料决定。”

——约翰·史利卡（苹果公司最高执行长）

1.对市场的理解更重要

提到小公司的核心竞争力，许多人往往想到核心技术、人力资源，忽视了市场这一根本因素。不可否认，在现代市场经济条件下，技术很重要，但是我们要明确这样一点，一个公司对市场的理解更重要。

(1) 总经理对市场的理解永远是第一位的。

只有针对市场需要开发深受大众欢迎的产品，才能取得良好的预期效果。换个角度说，在经营过程中，总经理对市场的理解永远是第一位的，是最重要的，它比技术更能决定一个公司的成败。

(2) 在市场中找到自己的蓝海。

市场是广大的，甚至看不到边际。但是，庞大的市场未必都是企业赢利的基础，大概只有一小部分能够带动企业业务发展。无论市场环境如何，总经理都要带领队伍找到属于自己的蓝海，建立独一无二的营销模式。

【一语妙计】深刻理解市场，其实就是给自己找到准确的市场定位。为此，总经理要清楚界定公司的优势与劣势，科学判断公司在市场竞争中的位置，对公司的未来发展形成明确的规划。

2.薄利多销赚利润

法国潮商代表人物陈克威说：“利薄自然多销，多销不愁利薄，这是半个世纪前家父的经商之道。”

薄利多销中的“薄利”就是降价，降价就能多销，多销就能增加总收益。同样的商品，利润少一点，价格便宜，买的人就多。就像弹簧一样，一个人买了，觉得好，就会有更多的人来买，从长远来看就增加了利润，比一开始卖高价要高明得多。薄利多销的原则往往被应用于下列几个方面：

(1) 新产品试销阶段，以薄利多销方式尽快使产品进入市场，扩散影响，提高知名度与应用频率，建立市场信誉和威信。

(2) 市场上同类型产品多、竞争激烈时，采用薄利多销、降本让利策略，可争夺顾客，促进本产品覆盖率、辐射率、市场占据率的提高。

(3) 产品有生命力但销售步入低谷时，采用薄利多销，可激发顾客的购买欲，以刺激产品供销环节的周转，使企业立于不败之地。

(4) 产品属市场淘汰之列，不会再有起色，以多销微利保本为原则，将企业损失降到最低限度，争取时间开发出新产品。

(5) 原料来源充足、生产工艺简单、技术性一般、产量高、市场及企业吞吐量大的产品，可以采用薄利多销的原则。

(6) 市场消费受到宏观调整、资金紧缺时，采用薄利多销方式能很快筹措资金，吸引及导致市场购买率的倾斜，形成有利的经销势态。

【一语妙计】作为一种商业策略，薄利多销在具体操作过程中是需要条件的。这就要做到注意把握目标市场，提高产品质量，结合生产经营能力才能发挥其真正作用。

3.快鱼吃慢鱼，领先者最强

在强手如云、人才济济的商战中，一旦机会来临，许多公司会蜂拥而上，展开残酷的较量。几个竞争对手向一个目标进击，这是力量的角逐、智慧的比拼，更是速度的较量。正如约翰·钱伯斯所说：“现代公司发展，不是大鱼吃小鱼，而是快鱼吃慢鱼。”那么，在商海中怎样做一条快鱼呢？

(1) 要善于抓住时机，一旦时机成熟，就要像猛兽下山、饿鹰扑食一样迅速采取行动，发挥自身优势，果断出击、灵活经营、先人一步，就能以最快的速度进入无人竞争的差异化市场，取得骄人的业绩。

(2) 建立起快速的反应机制，包括快速的客户反应、快速的市场反应、快速的交付和快速的服务提供等，对瞬息万变的市场做出快速的应对和准确的把握，并快于竞争对手做出变化反应。

(3) 克服盲目膨胀的心理，避免无端增大运营成本、降低办公效率，走出做大的误区。

【一语妙计】商业环境早已发生了翻天覆地的变化，以前是“大鱼吃小鱼，小鱼吃虾米”，现在则是“快鱼吃慢鱼，慢鱼被淘汰”。所以，公司要想在群“鱼”中立于不败之地，首先应“快鱼吃慢鱼”，其实就是抢先战略。

4.上兵伐谋，攻心为上

在现代营销之中，攻心术起着重要的作用。只要猜透顾客的心理，投其所好，使用情感营销术，就可以使顾客趋之若鹜。

情感营销就是把消费者个人情感差异和需求作为公司经营战略的重心，通过借助情感设计、情感包装、情感公关等策略来实现经营目标。

(1) 情感设计。

情感设计分为主题设计和人文设计。主题设计是指公司抓住消费者的需求变化设计产品和提供特殊服务，引起消费者的共鸣。人文设计是指厂家在设计产品、制造产品、经营运作时充分关注社会、关注环保，不伤害消费者感情，不损害消费者利益。

(2) 情感包装。

“人靠衣装马靠鞍”，一个富有个性化、颇具情感化的包装将成为一个品牌的“眼睛”，撩人眼球的“窗户”。

(3) 情感公关。

比如，国内一些大型公司开展轰轰烈烈、富有新意、别开生面的联欢活动，来烘托公司的繁荣气氛，扩大公司的经营影响，以实现公司公共关系计划目标。

【一语妙计】古人云："攻心为上。"公司的营销行为如能从"情"切入，会使消费者强烈地受到感染或被冲击，激发消费者潜在朦胧的购买意识，达到润物细无声、四两拨千斤的巧妙作用。

5.集中精力做好销售渠道

在激烈的消费品市场，小公司缺乏产品与品牌知名度，缺乏强大的媒体推广能力，想分得一块蛋糕并不容易。

在这一背景下，小公司可以先从渠道规划做起，集中全部精力从一个网点到一个城市，再由一个城市到一个区域，最后瞄准整个中国市场，就能建立起自己的销售领地。

(1) 组织有吸引力的产品招商活动。

产品招商是建立销售渠道的第一步。招商成功了，接下来的事就好办了。为了增强经销商对自己的信任，总经理在招商过程中必须树立品牌意识。

(2) 选择合适的经销商，为合作做好准备。

对小公司来说，经销商是自己的产品在市场上赖以生存并发展的唯一支柱。总经理要选择合适的经销商，不能一味地追求大而强的合作者。

(3) 设计可控的渠道结构。

小公司由于在资金、管理方面比较弱，所以暂时采取窄而长的深渠道结构比较合适，等到销售起来了，公司资金回笼了，然后再开始逐步削减渠道层级，将其进一步拓宽，并将渠道的管理重心下移。

(4) 对渠道经销商的管理。

管理的内容包括：经销商的库存、资金信用、销售情况、竞品情况、区域市场整体销售统计、协助经销商或者终端进行促销、公司宣传品的摆放以及经销商对公司产品的具体反映等。

(5) 有计划地收缩，有步骤地扁平。

当公司正常运作了一年或者两年，市场也有了不少起色，这个时候，公司如果有更大渠道野心的话，可以采取逐步收缩、逐步扁平的策略。

【一语妙计】所谓得渠道者得天下，说明渠道对公司发展的重要性。从点滴做起，精心编织起一张营销大网，即便是无名小公司，也能在竞争激烈的市场中占有一席之地，由弱者成为强者。

6.市场要抢不能让

海尔集团总裁张瑞敏说："只有淡季思想，没有淡季市场；只有疲软的思想，没有疲软的市场。"对于营销来说，抢占市场是关键步骤，能够占领市场的企业，才能真正获得巨大的收益。就抢市场和让市场来说，主要有以下区别：

(1) 抢市场，即看准市场需求，凭借技术创新，不断提高产品科技含量，或依托资源优势，做到人无我有、人有我多，或力求以质量取胜，向质量要效益。通过发挥优势，逐步扩大产品在市场中所占份额，抢占市场制高点，夺取制胜权。

(2) 让市场，是一种开门揖客的做法，先把自己的市场拱手让给别人，力求依托自身优势与外界的资金、技术优势实现互利共赢，以资源换技术，以产权换资金，以存量换增量，以市场换项目。然后则是借梯上楼，占领更多市场份额。

抢市场与让市场，看似一个主动、一个被动，一个进取、一个内敛，但目的都是一样的，都是为了更好更快地发展自己。应该说，抢也好，让也好，只要时机适宜，都不失为公司发展的良策妙方。

【一语妙计】在激烈的市场竞争中，抢与让并不一定界限分明。因为有其抢必有其让，而有其让就必有其抢，只有使二者相辅相成，才能更有利于公司的发展。

7.以低于进货的价格出货

做生意，就要出奇制胜。只有你想不到的事，没有他们做不到的事。比如，以低于进货的价格出货，就令许多在商场摸爬滚打多年的老手大跌眼镜。

一位潮商说：“以低于进货的价格出货，最重要的不是价格上的玄机，而是这种操作手法背后的秘密。”具体主要表现在：

(1) 利用低价货带动高价货销售。

许多潮汕批发商面对的是做小超市与小店生意的客户，为了吸引下游客户，潮商经常用畅销的产品作为诱饵，故意亏本出货，引来更多的小店进货；而小店不可能只进这一种货，也要批发其他高利润的产品，于是潮商在整体上是赚钱的。

(2) 彼此换货，实现优势资源互补。

手中掌握着优势资源的潮商，往往有许多关系密切的同行，大家彼此信任，互相帮衬。在这一背景下，潮商经常与另外一些同行业的伙伴低价换货。由于他们都能从厂家拿到最低的价格，这样他们就通过低价交换，在同行业多了几种最低价的产品资源而影响市场。

(3) 利用销售返点赢利。

为了激发经销商的热情，许多潮商都有返利政策。当销售到达一定程度时，潮商就以低于进货价出货冲量。而他们都有算账的天才，知道赚多少、亏多少，最终手上的现金如何得到最大的利用与增值等。于是，低价出货就成了一种商业促销手段。

【一语妙计】想要从别人那里得到利益，就要先给别人利益，这就是“欲取先予”的道理。以低于进货的价格出货，本质上就是先给顾客或者客户让利，然后把生意做好、做大，从中获得更多的利益。

8.随时准备变化，灵活适应市场

生意场上有一句话，叫“随行就市”。这里的“行情”，也就是市场的供求状况。总经理只有顺应市场供求形势，采取相应的营销策略，满足消费需求，才能取胜于市场竞争。面对不断变化的市场，总经理要注意以下几方面：

(1) 决策前准确判断市场行情。

做好生意，前提是做好科学的生意决策，时刻留心捕捉生意信息并且加以全面科学的分析是做好生意的前提，是一个高明的总经理必须修炼的基本功。

(2) 经商中能够审时度势，掌握市场环境。

一个出色的总经理，要在环境欲变未变之时，见微波而知必有暗流，在顺境中预见危机的端倪，在困难时看到胜利的曙光，驾驶着企业的大舟，机动灵活地绕过暗礁险滩，驶向胜利的彼岸。

(3) 主动跟着市场行情走。

做生意，不管你愿意不愿意，你都必须尊重市场规律，跟着行情走。为此你要研究行情，掌握行情、抓住行情，从而灵活变更经营项目，把生意做活、做巧妙。

(4) 提早行动，掌握市场的主动权。

敌变我变，关键在于一个“先”字，必须抢在敌人再次变化之前，改变已经过时的作战计划。同样道理，市场行情发生了变化，你要比竞争对手更快变更经营项目，才能掌握经商的主动权，先发制人。

【一语妙计】纸上谈兵、墨守成规、按图索骥，只能被竞争的汪洋大海所淹没。一个优秀的总经理，总是能根据时局的变化，调整自己的经营策略，该发展时发展，该收缩时收缩。

9.营销管理的三大作用

营销管理就是公司为达到生产经营目的，通过分析、计划、执行、控制等职能，用以创造、建立、维持与目标市场间互利的交易关系。它依据对目标市场的需要、欲望、知觉与偏好来制订计划，提供有效的产品设计、定价、沟通分配程度去服务目标市场。

作为一个总经理，如何从总体上筹划营销管理呢?

(1) 起到指引作用。

一般指引有三项活动：任务下达，适时激励、引导。在实施这种职能时，应遵循这样一个原则：在不会发生重大业务偏差时，指引工作应少一些；当对事物发展态势把握不准时，指引工作可以多一些。

(2) 起到组织作用。

为了有效执行公司的营销战略，要对营销组织进行科学设计，其原则是因事设人，根据组织目标和任务，研究所要完成的事，以便安排人来填补并执行其职务，由此形成一个严密的组织结构，发挥营销组织的规模效应。

(3) 起到控制作用。

营销管理的控制作用，是对整个市场营销管理过程实施目标控制。企业营销管理中的控制一般有下列三种形式：

①获利能力控制，即对各种不同营销实体的真正获利能力进行审察。

②策略控制，确保能最佳地适应目标和未来营销环境的控制。

③年度计划控制，确定达到年度销售和利润目标的工作。

【一语妙计】对于任何一个总经理来说，要做好营销管理工作，必须对营销计划和策略进行管理，对人进行管理，对营销财力进行管理，对营销信息进行管理，对营销法律环境进行管理。

10.打出和别人不一样的牌

俗话说："人弃我取，人取我予。"作为商人应该懂得，所谓的市场良机，其实是无处不在的，但关键看你能否打出和别人不一样的牌！常用的方法主要包括：

(1) 人有我优。

有一位总经理，以制领带而闻名。然而有一段时间，生产领带的厂家太多了，销路不畅。后来，他想到了在品质上提升竞争力，通过聘请高级设计师，采购高级布料，生产出了符合上层人士的高质量领带，结果产品投放市场以后大为畅销。

(2) 人优我转。

香港的"地产大王"李嘉诚原先是"塑胶大王"。早年投资做塑胶花生意取得了成功，然而他并没有被成功冲昏头脑，冷静分析后得出结论：鲜花将取代塑胶花。于是，他转向了前景被看好的地产生意，果然走对了路。

(3) 人弃我捡。

近年来，黄豆已经成为最受欢迎的健康食品，吃豆制品形成了一股风气。然而，许多机械制造商早已专注于尖端产品，没有厂家搞这类简单的加工机械。有一位总经理瞄准这块"荒地"，迅速开发生产出豆制品加工机械，结果抓住了市场机会，取得了不俗的经济效益。

【一语妙计】大家都做生意，为什么有的赔有的赚？关键在于思路不同。做生意，本身就是资本、智慧的较量，只有在别人没有看到、做到的时候出奇招，才能从中胜出。

11.个性营销抓住客户

做生意最重要的是特色，你的产品和服务更有针对性，就能在同行中技胜一筹，这一切都可以归结为个性化营销策略的巧妙运用。

(1) 最大限度地满足消费者个性化需求。

通过个性化营销，消费者可以真正实现以自我为中心，选购自己需要的产品和服务，甚至向经营者提出具体要求。

(2) 提升企业的市场竞争力。

善于理解特定市场的需求，并提供有针对性的产品和服务，商家就能适应市场发展趋势，获得更强大的竞争力，牢牢占据市场的优势地位。

(3) 充分体现现代市场营销观念。

个性化营销要求一切从顾客需要出发，与每一位顾客建立良好关系。对商家来说，开展差异化服务，正是现代市场营销观念的具体表现。

(4) 带来经济效益，实现赢利目标。

个性化营销牢固地把握住了市场机会，所以商家始终动态地把握市场需求，不会造成产品积压，缩短了再生产周期，降低了流通费用，这一切都提升了经济效益。

【一语妙计】个性营销强调商家必须满足顾客个性化的需求，代表着当今商业营销的理论和实践发展的新趋势，从本质上说是因为抓到了问题的核心，把握了市场竞争的关键。

12.做生意要懂点心理学

做生意就是和顾客打交道，要充分掌握对方心理，并善于引导对方心理，才容易把东西卖出去。因此，管理者要能扮演心理医生的角色，在经商中拿捏消费者的心理。

(1) 求利心理。

这是消费者购物时追求价廉并以此获得更实际利益的消费心理，持这种心理的消费者，往往对那些“大减价”“大放血”“全市最低价”的商品十分感兴趣。

(2) 求新心理。

这是消费者在某种广告舆论和某种宣传的长期影响下产生的逆反心理，也代表了一种消费心理。

(3) 求实心理。

购物的主要目的是为了追求商品的使用价值。这类消费者注重商品的内在质量，而对外表则不十分挑剔，只要实用就满足了。

(4) 求名心理。

这种心理主要目的是炫耀自己，要求名牌货、款式新、进口原装高档商品，通过购买商品达到表现自己富有、高贵、洒脱、时髦的气质。

(5) 从众心理。

这类消费者在购物时自觉不自觉地模仿他人购物的行为心态。

(6) 求美心理。

在经商过程中，要注意消费者追求美好事物的心理，在产品包装、谈话等方面营造一种美感。

【一语妙计】在营销对象中，有巨贾富豪，也有普通人，造成这种差异的重要原因是消费者对市场的理解不同，在心理把握上有上下之分。从心理学角度做生意，注重把生意做大的实际操作流程，那么企业效益会上一个大台阶。

13.学会快速突破市场

公司的资源有限，耗不起持久战，因而造势的另外一个法则是快速突破，不能恋战，恋战就等于失败。要快速突破市场，就要做到：

(1) 单品突破，一剑封喉。

即选择以一个核心产品进入市场。该产品是比较成熟、高性价比的拳头产品，把这一单品做成区域内热销的精品，形成单品突破，在区域内形成消费者的良好口碑，提升品牌形象。

(2) 快速建立渠道并进行爆发式铺货。

爆发式铺货的要求是：速度快、数量大。同样要集中资源，集中所有的业务员，与经销商一起，在指定市场、指定时间内，迅速把货铺完，突然爆发。

(3) 广告和促销攻势要跟上。

一般人投广告，都像挤牙膏似的，一点点来，希望用最少的钱，把全年每个月份都排满，显得月月都有广告。投广告要像烧开水一样，不断加火，直到迅速把水烧开，宁愿烧到120℃，浪费一些银子，也不要为了节约钱，只烧到70℃，因为烧到70℃跟没烧一个样。

【一语妙计】现如今的市场变幻莫测，要想在市场中占领一席之地，就要学会快速地突破市场，迎合市场的发展方向，学会用一些技巧帮助企业在市场中占据先锋地位。

14.培养自己的营销员队伍

营销成功的关键在于营销人员，选好营销人员等于营销成功了一半。选聘到高素质的营销人员后，公司还要对其进行必要的培训。培训的主要内容有以下几个方面：

(1) 营销态度。

营销成功最关键的要素是对营销要有一个正确的态度，需要有一种勤奋肯干、勇于冒险、不断进取的精神。

(2) 公司知识。

要使营销人员了解公司的历史、战略目标、经营方略、规章制度、职能机构等公司的基本状况。

(3) 产品和技术知识。

掌握公司所生产的产品品种、基本生产过程、用途、价格、包装、使用方法、产品的技术性能和指标等各种知识。

(4) 市场知识。

对市场行情、竞争程度、需求趋势、地区特点、竞争对手的基本情况有较为深入的了解。

(5) 顾客知识。

顾客知识包括目标顾客的不同类型及其需求特点、购买动机、购买行为、销售系统等。

(6) 财务、金融知识。

财务、金融知识包括货款的结算方式、顾客信用调查、财务税收等方面的知识。

(7) 业务程序和职责。

要使促销人员掌握促销计划、时间安排、洽谈、订立合同、旅行等知识。

（8）促销技巧。

促销技巧包括如何发现顾客，主动接近他们；如何处理人际关系；如何克服心理和技术障碍，如何与顾客保持联系等。

【一语妙计】营销人员自身素质的高与低，服务技能和服务态度的好与坏，是影响公司营销的重要因素之一。

15.滞销商品的十种促销技巧

商品滞销，库存积压，每个公司都可能遇到。根据以往市场实践的总结，大致有十种促销滞销商品的方法，可供借鉴：

（1）高价促销法。

薄利多销未必一贯正确。这就是对某些消费者而言，他们在购买商品的同时，常常还希望通过一定的价格来表现自己的心理满足，以显示自己的社会地位。

（2）信誉销售法。

这种方法是以巩固老顾客为主，积极寻找新顾客。

（3）加工销售法。

加工销售法就是公司对某些滞销产品按消费者意向进行改造或深加工，然后再投入市场，以新的面貌出现在消费者面前。

（4）有奖销售法。

这是大多数公司乐于采用的一种促销方式，其宗旨是通过给购买者一定的奖励，以刺激其购买产品。

（5）让利销售法。

对于滞销产品，公司本着不赔不赚的原则，适时降价处理，让利于消费者，这是推销滞销产品极为有效的方法。

（6）示范销售法。

指导顾客或消费者亲手试用产品，并通过试用者把产品的优良品质传播出去，影响顾客或消费者，把潜在的市场变为现实。

(7) 服务销售法。

公司对某些耐用消费品或技术要求高的产品，实行免费或有偿服务，可以解除消费者的后顾之忧。

(8) 网点销售法。

网点销售法在国外称为三角销售法。要求网点设置应布局合理，既能使网点间形成竞争，又能方便消费者购买，增加销售量。

(9) 邀请销售法。

邀请销售法就是公司邀请顾客上门订货，召开座谈会、联谊会、看样订货会，或派出代表带样品参加各种类型的订货会、交易会、洽谈会等。

(10) 赞助销售法。

公司通过赞助大型的有影响的竞赛、比赛活动，如文化、教育、体育等活动，扩大公司的知名度和美誉度，从而达到促销的目的。

【一语妙计】滞销商品推销的形式或措施五花八门，各公司可以根据自己公司、产品及营业推广目标的特点进行选择，使用其中一种方法，或者几种方法混合使用。

16.营销创新，日进斗金

营销贵在创新，只有创新产品和服务才有生命力。营销贵在务实，只有务实才能最终赢得客户。创新营销是一种必然，营销的创新主要表现在以下几个方面：

(1) 以动态营销取代静态营销。

动态营销策略意味着必须注意各方面形势的变化——社会、经济、文化、人口、生活形态等，尝试找出这些变化的模式，并使企业做出相应的改变。

(2) 以市场开发取代市场占有。

传统的市场营销常常以赢得现有市场的战胜率为目标，因此，大多数营销人员具有的是市场份额思想，他们采用广告、促销、价格和分销等手段，旨在从其他公司那里夺得部分市场份额。而现在，竞争激烈，要树立市场开发意识，不断开拓新的市场，发现新的赢利点。

(3) 以关系的建立取代产品的推广。

随着产品技术含量和档次越来越高，人们对广告的信心越来越大，他们的购买决策更多地建立在知识、信息、信任、关系、他人的赞誉上。因此，需要建立与顾客更广泛的关系，从而赢得更多的顾客。

【一语妙计】营销是公司与市场的衔接点。随着竞争环境的变化，在营销策略上要随机应变，以快变应慢变，在激烈的竞争环境中取得竞争优势。

17.整合资源，一加一大于二

泰国正大集团总裁谢国民说：“做生意就是整合资源，取得一加一大于二的效果。如果没有这种商业头脑，而仅仅依靠某一方面的资源优势竞争，那是无法想象的。”

一个企业的市场地位，不仅取决于其所拥有资源的数量与质量，更取决于其对资源的利用效率。经营者在整合内外部资源时，必须做到下面三点：

(1) 视野开阔。

要着眼于经济全球化的竞争形势，思考如何构筑在此背景下的竞争力并获得优势，如何推进管理现代化和管理变革，应用最新方法、智慧、成果，有效地获得先进生产力。

(2) 善于集成。

这就是对企业的内外部资源进行通盘思考和统一协调，努力将各种分散的资源集成和集中起来。以便将有限的资源投入到在实现战略意图过程中能发挥最大效用的领域。

(3) 善于借力。

适度地借用、利用外部资源，可有效地弥补企业自身资源的不足，缩小战略目标与资源条件的差距。比如，与世界大企业结成战略联盟或实施某方面的合作，就可以学习借鉴其管理、开发市场的经验，提高自己的竞争能力。

【一语妙计】做生意，其实就是调动各种资源，实现赢利的目标。因此，无论做贸易还是做企业，都是对各种资源的整合与利用。

18.念好“营销经”，要懂“道德经”

营销手段固然重要，但在其过程中，除了念好“营销经”，还要念好“道德经”。违背道德的营销手段，终究会被识破，导致失败。实践中，营销战略的制定者要谨防出现以下七大失误：

(1) 切勿骗售。

骗是商家一大忌，如果以假冒伪劣产品为内容，用花言巧语使人上当，最终会害人、害己、害社会。

(2) 切勿盲目布点。

企业要全面准确地分析市场行情，研究潜在市场。仅凭表面信息就片面决策，设置“常驻”办事处或联络站，结果本大利薄。

(3) 切勿滥赊兜销。

应根据不同情况推出不同的销售方式，切勿一遇冷就盲目削价、压价，甚至无顾忌地滥赊，市场一热又被动销售，让市场牵着走。

(4) 切勿忽略信息。

信息是一种无形财富，是总经理的一种战略资源，是营销系统的关键因素。能否对营销系统做出实时控制，取决于其信息是否及时、完备、准确。

(5) 切勿因循守旧。

不少企业仍抱着陈旧的营销模式，缺乏创新观念，销售额下降，危及企业的生存。因此，应不断革新营销战略，采取不同的营销组合进行销售。

(6) 切勿朝令夕改。

在营销中，总经理既不能一成不变，也不能随心所欲。唯一正确的是应抓住并适时运用时机，坚持正确的营销方式。

(7) 切勿违法营销。

在营销中，总经理要学法、守法、护法，在法律允许的范围内进行营销活动，以免违反《中华人民共和国反不正当竞争法》等法律法规的规定。

【一语妙计】在营销过程中，总经理要树立以诚待人的观念，不能失信于消费者，杜绝那种出门不认人的态度，抓好售后综合服务，建立良好的信誉。只有这样，才能带来效益的提升。

第九章
创新之道：
今天不创新，明天就落后；明天不创新，后天就淘汰

一项研究表明：只有4%的小公司真正在规模上有所扩大，大部分停留在小规模上。这一问题的根源在于公司团队缺乏创新的思维和意识。那些大企业能取得今天的成就，得益于其对创新的领悟和把握。

小公司或许没有大公司的资金实力，没有雄厚的规模效应，但是只要整个团队确立“创新至上”的经营理念，把创新渗透到骨子里，并在工作中孜孜以求，那么奇迹就会发生，公司就会进入以创意为支点的商业模式中，通过创造性完成自我超越。

创新语录

双星能有今天就是敢于喜新厌旧，全方位地改变。今天是快鱼吃慢鱼的年代。今天不创新，明天就落后；明天不创新，后天就淘汰。只有具备持续自主的创新能力才是成长为快鱼的“撒手锏”。

——汪海（双星集团董事长）

公司不断高速发展，风险非常大，好比高速公路上的汽车，稍微遇到一点障碍就会翻车，要不翻车，唯一的选择就是不断创新，不断打破现有平衡，再建一个新的平衡。创新贵在速度，否则“水过三秋，化为无效”。

——张瑞敏（海尔集团总裁）

创新应当是企业家的主要特征，企业家不是投机商，也不是只知道赚钱、存钱的守财奴，而应该是一个大胆创新、敢于冒险、善于开拓的创造型人才。

——熊彼特（奥地利经济学家）

1.谨慎的同时不忘大胆创新

小公司开始投资创业的时候，要坚持“不熟不做”的理念。后来，把生意做活了，赚了很多钱，就需要大胆创新了。

(1) 大胆创新与谨慎投资不矛盾。

做生意要胆子大，敢于冒险，善于从创新中把握先机。另一方面，也要坚持“不熟不做”的生意经，表现出审慎的一面。两者貌似矛盾，却是一脉相承的。因为，大胆创新之前是谨慎的决策，谨慎投资是大胆创新的保护伞。

(2) 创新建立在对旧有行业熟悉的基础上。

把企业做大，把业务做广，离不开商业上的创新。但是，这种创新离不开对旧有行业的清醒认识，成功者能够走正确的路，在于顺应了产业升级的趋势，主动适应了新变化。由此可见，大胆创新，不能脱离“不熟不做”的经营理念。

【一语妙计】总经理通常是特立独行的群体，因为他们敢冒险、善于创新。不过，等到真正投资决策的时候，也都如履薄冰，因为投资失误会让自己血本无归，来不得一丝一毫的麻痹大意。即使是创新，他们也要看现实情况是否允许，否则决不轻易出手。

2.经受利润摊薄的考验

在市场经济蓬勃发展的过程中，一个行业由稚嫩走向成熟，新的竞争者不断加入，单个公司的利润率必然受到冲击。具体表现为价格下跌、支出增加、效率下降、利润率下滑。出路在哪里呢？答案很简单：创新。

（1）市场行情不好，预示着公司需要在经营思路上创新。

一段时间内，能源、原材料价格波动较大，多数公司普遍感到经营难度加大、利润变薄。这说明，市场环境已经发生了变化，公司必须在经营思路上有所突破，才能找到下一个蓝海，获得新的赢利机会。

（2）做大，需要营销创新；做强，需要品质创新。

做大，再抢市场份额，意味着利润流失，在利润锐减的大环境下，势必造成一定损耗；做强，集中精力做品质赚利润，却可能缩减规模，在激烈竞争中处于劣势。这时候，进行创新才能走出困境。

（3）在赢利模式上创新，才能经受利润摊薄的考验。

利润摊薄是很多公司面临的现实问题。这时候，总经理应该反思一下自己的赢利模式，看看有什么问题。再研究一下那些成功的企业，为什么能有丰厚的利润。而后在赢利模式上进行创新，才会提升利润率。

【一语妙计】对一些成熟的行业来说，缓慢的需求增长，以及所需要的战略变化的不确定因素，容易导致行业的利润下降。这时候，企业必须正视现实，在管理的各个环节以及经营思路上进行创新，迎接市场大洗牌的考验。

3.用创新打破眼前的僵局

开公司绝对是对身心与智力的考验，尤其是面对眼前僵局的时候，最折磨人，也最考验人。没有思路的时候，唯有用创新来开拓新局面。

有一句老话，叫“一个和尚挑水吃，两个和尚抬水吃，三个和尚没水吃”。如今，这个观点过时了。有三个庙，这三个庙离河边都比较远，怎么解决吃水问题呢？著名经济学家厉以宁用创新的观点，对此进行了生动的解读。

(1) 机制创新。

第一个庙，和尚挑水路比较长，一天挑了一缸就累了。于是三个和尚商量，咱们来个接力赛吧，每人挑一段路。第一个和尚从河边挑到半路，第二个和尚继续挑，又转给第三个和尚，大家都不累，水很快就挑满了。这是协作的办法，也叫“机制创新”。

(2) 管理创新。

第二个庙，老和尚把三个徒弟都叫来，说我们立下庙规，引进竞争机制。三个和尚都去挑水，谁挑得多，晚上吃饭加一道菜；谁水挑得少，吃白饭，没菜。三个和尚拼命去挑，一会儿水就挑满了。这个办法叫“管理创新”。

(3) 技术创新。

第三个庙，三个小和尚商量，天天挑水太累，咱们想想办法。山上有竹子，把竹子砍下来连在一起，竹子中心是空的，然后买了一个辘轳。第一个和尚把一桶水舀上去，第二个和尚专管倒水，第三个和尚在地上休息。三个人轮流换班，一会儿水就灌满了。这叫“技术创新”。

由三个和尚没水喝，到三个和尚通过不同的办法达到共同的目的，关键在于不局限于固有的思维，发扬了团结协作、良性竞争、开拓创新的精神，自然产生了意想不到的好结果。

【一语妙计】海尔集团总裁张瑞敏说：“公司不断高速发展，风险非常大，好比高速公路上的汽车，稍微遇到一点障碍就会翻车，要不翻车，唯一的选择就是不断创新，不断打破现有平衡，再建一个新的平衡。创新贵在速度，否则‘水过三秋，化为无效’。”

4.继续朝你取经的地方去

公司初具规模，是发展还是故步自封？很多公司到了这一步时往往就显得迷茫。其实，只要踏上经营之路，总经理就应该以取经的心态走好每一步，在不断创新中追求卓越。

(1) 赢利的时候，想到日子不好过时怎么办。

在市场竞争白热化的今天，如果紧抓住昔日的辉煌不放，安于现状，则无异于自杀。总经理应有忧患意识，在公司今天尚能赢利的时候，想到明天假如不能赢利了该怎么办，绝不能好大喜功，故步自封。须知办公司就好像逆水行舟，不进则退。

(2) 始终以创业的心态办公司，让事业充满新意。

无论是公司的产品还是服务，优秀的总经理都是“生产一代、储存一代、设计一代”，永远充满新意。当产品正在市场热销的时候，公司就应该启动第二代、第三代产品设计了，并研究用户的反馈意见，做好产品创新。

【一语妙计】 故步自封，瞻前顾后，公司就难以发展。原本处于领先地位的公司，因为缺乏创新精神而被市场淘汰的例子实在不少。永远心怀一颗取经的心，永远保持创新的精神，才能避免被同行挤出圈子。

5.创新就是尝试不可能的事

一项权威的研究报告指出，提升企业生产率的真正动力来自于竞争和创新。公司能取得今天的成就，得益于他们对创新的领悟和把握。

比如，在索尼的企业文化中，为了追求梦想，他们提出必须永远创新，永远尝试一切不可能的事。这也就是常说的“索尼的 DNA”。有人总结了索尼公司创造事物、达到目标的十条语录，对今天的企业创新者很有启发和借鉴意义。

(1) 要有勇气割爱。

(2) 决不疏忽本职工作。

(3) 目标要定得单纯明确。

(4) 实现承诺比详细研讨重要。

(5) 困难意味着可能，不可能就舍去。

(6) 在做出说明之前先做出东西来。

(7) 把急事拜托给不忙碌的人。

(8) 不管内部构造如何，先决定尺寸。

(9) 自信无论任何事情都至少能缩小一半。

(10) 新的想法、有意思的想法就瞒着上司做出来。

【一语妙计】在挑战极限的过程中，有时候不能太讲道理，真正的创新不是建立在原有的经验基础上的，要从全新的角度来考虑问题。

6.赢在思维的转换

思想有多远，就能走多远。许多时候，换个方向，你就是第一。思维的转换，可以让一个公司发现创新的机会。

(1) 创新思维转换的首要因素：放远眼光。

创新思维转换的首要因素，是放远眼光创新管理。过去许多企业，总认为外面世界对自己没什么影响，雷曼兄弟有100多年的历史，不也是一夜之间轰然倒塌了吗？在当今的市场经济环境下，要放远眼光，企业再大也是小，市场再小也是大。

(2) 高级管理者要学会重视差异。

管理创新要求总经理有宽广的胸襟，能容忍差异，进一步能重视差异、利用差异，并能容纳各种不同的形形色色的人，如实干家、推动者、协调者、凝聚者、监督者、外交家、智多星、完美主义者等，发挥团队力量。

(3) 创新思维管理要左脑与右脑并用。

人的左脑具有语言优势，逻辑思维、理论思维较强；人的右脑具有艺术优势，形象思维、直觉思维较强。左脑与右脑应相得益彰、相互结合。

(4) 光靠一个人的单脑管企业是不够的。

当今社会是一个信息化的社会，光靠一个人的单脑是不够的，应是人脑加电脑（电子商务、电子政务、网络信息等）、内脑加外脑、左脑加右脑综合灵活的运用。

【一语妙计】创新，首先是思维的创新。要想在创新上更胜一筹，必须完成思维上的转换，才能够站得高、看得远。

7.在二次创业中走向卓越

公司完成原始积累后，必然会追求进一步的发展。为此，不少公司总经理提出了“归零心态”和“二次创业”的口号，并相应地采取了各种措施，实现新的突破。

(1) 以小公司的心态经营大企业。

创业之初，总经理事无巨细都亲力亲为，不敢有丝毫的马虎，这才有了后来的成功。随着企业发展壮大，往往失去了以往应有的斗志，患上了大企业病。在“二次创业”的时候，还原小公司的心态，更容易有所建树。

(2) 在创造性破坏中完成自我超越。

奥地利经济学家熊彼特说：“创新就是一种创造性的破坏。”在“二次创业”的时候，尤其需要打破以往神话，有从头再来的精神。唯其有此，才能在自我超越中走向卓越。

(3) 如履薄冰地面对未来。

一些国际知名公司从来就拒不承认自己已经成功，而是强调自己的公司“仅仅是生存了下来”。他们从不相信以往的成绩，他们唯一相信的是，未来之路还会崎岖不平，必须如临深渊、如履薄冰地面对未来。

【一语妙计】前 IBM 总裁 Gerstner 先生说：“长期的成功只是在我们时

时心怀恐惧时才可能。不要骄傲地回首让我们取得以往成功的战略，而是要明察什么将导致我们未来的没落。这样我们才能集中精力于未来的挑战，让我们保持虚心、学习的饥饿及足够的灵活。”世界上的商业巨人尚且如此，我们切不可被一点点的成绩就冲昏了头！

8.公司发展要跨越两道门槛

今天，中国企业发展壮大，面临着许多困难。从发展规模上看，有两道门槛需要跨越过去。

(1) 第一个门槛是“五千万”。

从小型公司发展到中型公司，凡是到年营业额接近五千万元时，公司管理、机制、人才、文化都会面临巨大的危机，面临一道难以逾越的门槛。

如果公司改善管理，加强内功而跨越了这道门槛，那么，就能从小型公司稳步迈入中型公司。而内部管理无法改善，就会永远在五千万以下徘徊甚至破产倒闭。

(2) 第二个门槛是“一个亿”。

当成功跨越了这道门槛，成为具有一定规模的中型公司后，又会面临从中型公司走向大型公司的第二道门槛——“一个亿”。

如果“一个亿”的门槛也过去了，公司就能在规模效应、企业治理等方面变成大型公司，那么，再往高处发展将会十分顺利。

【一语妙计】创业像掷硬币，你要一直掷下去，直到自己想要的那一面出现为止。其间，无论是面对上亿资产的规模，还是经受市场更激烈的考验，总经理都要在坚守中完成跨越。

9.保持公司的创新优势

一些市场领先公司，往往认为自己是“老大”，在制度、组织和管理上已很成熟、很成功，根本没有必要变革了。这是一种观念上的危险。那么，怎样建立并保持公司的创新优势呢?

(1) 思维上永远创新。

思维创新的前提是思维解放，就是把思维从传统模式的束缚中解脱出来。同时，再用先进的思想武装头脑。这一点说起来容易，但要落实到行动中却相当困难。传统的思想一旦在人的头脑中形成概念，便立即充斥我们的大脑，并很快成为天经地义的必然。

(2) 防止创业精神的衰退。

经营者要把成功当作新的起点，而不是炫耀的资本。公司发展到一定规模后，创业时以攻为主的经营方针往往会不知不觉地被以守为主所代替，开始害怕失败，不敢向未知领域挑战。

以延生护宝液成名的沈阳飞龙集团，由于产品创新乏力而曾经折戟沙场。总裁姜伟后来这样反省：“创新是公司发展的根本，一个发展了五年的公司没有创新，必然走向衰落，一个销售了三年的产品没有创新，必然走向死亡。这是无情的规律。”

【一语妙计】 创新是公司进步和发展的不竭动力，也是总经理的使命。海尔集团总裁张瑞敏表示：海尔再走日本家电公司发展的老路是行不通的，必须促使公司求新求变，这关键要看公司的内部机制能否产生强大的创新动力。

10.主动跨越产业升级的门槛

生意一步步做大，并不是凭空发生的。总经理要主动跨越产业升级的门槛，学会迎接长大的机会。

要想成功地完成战略升级，必须搞清楚升级的压力到底来自哪里，为什么要改变。目前，中国公司升级的压力主要来自三个方面：

(1) 中国再崛起的过程中，市场成本越来越高，竞争越来越激烈，公司必须应对这种挑战，创造高附加值的产品和服务，努力往上游走。

(2) 中国的消费市场正在慢慢形成，消费者慢慢变得越来越复杂，要求越来越高，这要求公司在经营过程中必须改变以往的策略和理念。

(3) 国内市场竞争越来越激烈，对管理的要求也越来越高，管理者要提升自身管理水平，应对挑战。

【一语妙计】 生意做精了，必然会有做大的要求。这时候，战略和产业升级就成为商人内在的一种需要。善于把握公司成长的节奏，在变革来临时要主动求变，才能使生意一步步做大，每天都能有所长进。

11.培育创新的土壤

很多公司建立了研发实验室，或是为某些个人指定了明确的创新职责，但有多少公司建立了专门的组织架构来培育管理创新？要成为一个管理创新者，第一步须向整个组织推销其创新观念，这是创新的土壤。

(1) 创造一个怀疑的、解决问题的文化。

(2) 寻求不同环境中的类比和例证。

(3) 培养低风险试验的能力。

(4) 利用外部的变革来探究你的新想法。

(5) 持续地进行管理创新。

【一语妙计】管理在创新中的作用是异常重要的。然而，现实生活中忽视管理创新的企业却比比皆是。运行良好的企业一定是创新管理顺畅的企业，这样的企业当然不需要外人的指点。

12.人人身上都有创意

新产品创意的主要来源有：顾客、科学家、竞争对手、公司的推销成员和经销商、公司高层管理人员、市场研究公司、广告代理商等。

(1) 顾客。

顾客的需要乃是寻求新产品创意的出发点。从顾客那里获取创新的最好方法就是调查消费者或顾客对现有产品的购买、使用、印象、意见等情况。

(2) 科学家。

科学家越来越成为新产品创意的重要来源。如电子表、电视机、合成纤维、塑料等的出现，都来自科学家对基础科学的研究。

(3) 竞争对手。

分析竞争者产品的成功和失败之处，往往可以发现新的创意，所以小公司总经理应重视对竞争对手的研究。

(4) 推销人员和经销商。

这些人经常同消费者打交道，处在市场的第一线，最了解顾客的不满，也最清楚竞争产品优势在哪里，因此，他们的创意最符合市场需要。

(5) 高层管理人员。

高层管理人员是站在整个公司的角度来观察市场和考察新产品开发的，可以从其所制定的战略策略中悟出新产品创意来。

(6) 市场研究公司及广告代理商。

这些人十分清楚消费者需求和偏好的变化情况，而且，他们的信息资料都是经过深入调查研究之后得到的，比较具有真实性和科学性。

【一语妙计】尽管寻求创意的途径有很多，但最重要的还是要靠激发内部人员的创新意识和主观能动性来寻求创意。因为他们熟悉公司各方面的状况，对公司的目标了解得很清楚，知道创意该向哪个方向去思考。

13.创新管理的三个层次

创新来自多个层次：营运创新、产品创新、战略创新，当然还有管理创新。每个层次对企业的成功都能做出贡献。

(1) 营运创新。

在一个超竞争的世界里，卓越的营运能力是十分必要的，但是一旦缺乏类似丰田的管理创新和宜家的商业模式创新的话，仅有营运创新，难以产生长久的经营优势。

(2) 产品创新。

毫无疑问，一个受顾客青睐的产品会给公司带来狂热的订单。但是，没有强有力的专利保护，许多产品很快就会淡出市场。另外，技术的迅速变革使得产业新贵能快速超越昨日之星。

(3) 战略创新。

企业常常需要提出新的大胆的商业模式，使在位的成熟企业时时提防。一种颇具威胁的商业模式能为提出者带来数亿美元的收入，但这种独到的商业模式也容易被解构，常常受原来管理体系的阻碍。

【一语妙计】排列一下不同层次的创新就会发现，越高层次的创新对价值创造以及竞争地位的维系就越有作用。管理创新无疑是最高层次的创新。

理解这一点对进一步关注管理创新更有益处。

14.用专利保护好创新

为了保护和鼓励人们积极开展科研，公司应重视做好专利管理工作。这是保证不断提高公司科技水平，开发新产品、新技术并取得较大经济效益的重要环节。

(1) 专利管理的任务。

总经理要经常深入科研实际，和科研人员保持密切联系，注意解决科研中的问题并及时发现创造发明的新成果。对新的发明创造要尽早申请专利，取得合法专利权。

(2) 公司专利管理的内容。

第一，收集专利技术情报。积极收集本单位科技人员所需要的专利文献和各种有关新的科技信息动态，尽可能多地掌握现代科技水平和发展趋势。

第二，组织并参与课题的选择与评价。这是从专利中提出技术创新方案的实施阶段。在这个过程里，管理者要把专利与市场结合起来。

第三，保护本公司的专利权。对本公司已经获得专利权的科研成果，要采取有效的保护措施。为了使本公司的专利权不受侵犯，还应不断地开发和更新技术，以形成专利群。

【一语妙计】专利战略具有形成商家持续竞争优势的功能，要构建良好的专利调查战略、专利申请战略、技术创新专利战略以支持公司的专利整体战略。只有构建好专利战略，才能保证商家持续竞争优势的维持。

15.让消费者决定创新方向

一个浅显的道理是，不创新就难以生存，然而大多数创新又都会以失败告终。宝洁成功地化解了这个两难命题，其关键就是对创新模式的创新。

让研究人员走出实验室的政策，是宝洁 CEO 雷富礼上任后开始实行的。不仅研究人员，就连雷富礼这个教授模样的 CEO 也会时不时地化名到消费者家中微服私访。

亲近消费者，让他们决定创新的方向，或者从中得到创新的灵感，或者听取创新的反馈意见，这样做的好处是把创新建立在客观、实际的基础上。

(1) 找到灵感之源。

消费者的需求就是企业创新的方向，那种闭门造车的创新之法，是不能在市场竞争中完胜的。

(2) 收集创新情报。

创新不是朝夕之功，必须广泛收集信息，进行周密的调查研究，才可以得到有价值的创新思路，这都需要借助于消费者的帮助。

(3) 完成创新反馈。

上次创新是否成功，消费者最有发言权。到消费者中间去调研，听听他们对上次创新产品的意见，这也是下一步创新的指南。

【一语妙计】在消费用品领域，品牌的增多大大拓宽了消费者的选择余地，创新产品的生命周期大大缩短，结果导致创新速度加快。这时，公司必须重新构建一个更为高效的创新体制——让消费者决定创新。

16.创新不是一个部门的事

中国企业不乏管理上的创新，然而，再好的东西如果只是盲目摄取，却不能消化吸收的话，不仅容易在实施过程中出现偏差，达不到预想的效果，还会引起文化和管理的冲突，而系统整合的能力正是中国企业所缺乏的。

（1）把创新纳入企业运行系统。

企业是一个复杂的系统，该系统在形态上由人、财、物等组成，在管理上由研、产、销等组成。对企业来说，应根据不同发展阶段和行业特性，谋求适合自身发展的管理方法，并非越先进越好，创新同样如此。

（2）让创新的思想深入各个层面。

创新不是一个部门、一个分公司的事情，而是整个企业、整个成长阶段的需要。这时候，总经理必须打造企业的系统整合能力，让企业各个细胞活跃起来、连接起来，才能让创新的思想深入到各个层面，取得实效。这是创新管理的一个重要原则。

【一语妙计】创新是一项系统工程，企业必须进行系统整合能力的修炼，才能打开创新的阀门，进入创新的新天地。

17.准备迎接创新的来临

创新是一种变革，可以让企业改天换地、利润倍增。一旦创新来临，就要管理好创新，掌握下面四个阶段：

（1）对现状的不满。

在几乎所有的案例中，管理创新的动机都源于对公司现状的不满：或是公司遇到危机，或是商业环境变化以及新竞争者出现而形成战略性威胁。

（2）从其他来源寻找灵感。

总经理的灵感可能来自其他社会体系的成功经验，也可能来自那些未经证实却非常有吸引力的新观念，还有些灵感源自管理思想家和管理宗师。

（3）创新。

管理创新人员将各种不满的要素、灵感以及解决方案组合在一起。组合

方式通常不会一蹴而就，而是重复、渐进的，并找到一个清楚的推动事件。

(4) 争取内部和外部的认可。

管理创新也有风险巨大、回报不确定的问题。很多人无法理解创新的潜在收益，或者担心创新失败会对公司产生负面影响，因而会竭力抵制创新。因此对于管理者来说，一个关键阶段就是争取他人对新创意的认可。

【一语妙计】在管理创新的最初阶段，获得组织内部的接受比获得外部人士的支持更为关键，这个过程需要明确的拥护者。如果有一个威望高的高管参与创新的发起，会大有裨益。

18.三分为现在，七分为未来

香港首富李嘉诚说：“我的成功之道是：肯用心思去思考未来，当然成功概率较失败的多，且能抓到重大趋势，赚得巨利，便成大赢家。”

另一位企业家有句名言：“三分是为现在，七分是为未来。”总经理既专注于现在，又善于把握未来发展趋势，才能通过创新站在时代前沿。

(1) 嗅出未来发展的动向。

总经理最重要的素质，是从细微处看到大趋势，在商业直觉和决策理性的平衡点上找准大势。在新经济时代，好多事情是想不清楚的，这个时代的特征不再是大吃小或好吃坏，而是快吃慢，不允许“一慢二看三通过”。时代要求思维转变。

(2) 考虑到未来可能遇到的风险。

商局中变幻迭出，而能“大风临于前而不动”，镇定自如地翻覆风云，则是需要有一些气魄的。此间，总经理必须对全局了然于胸。

做到事后控制不如事中控制，事中控制不如事前控制。等到错误的决策造成了重大的损失才寻求弥补就晚了。所以，总经理要有事前控制局势的眼力和能力，从而力避可能出现的危机，治病于病情发作之前。

【一语妙计】没有先见之明的人，做任何事都不容易成功。先见之明并不是与生俱来的能力，任何人只要多花一点心思，去研究自己了解的行情，都能成为一个具有先见之明的人。

19.创建学习型企业

市场上每天都有新的企业创立，也有老的企业倒下。多年以后，有的企业仍然在自己的行业内做得有声有色，这离不开学习。创建学习型企业，让他们走在了时代前列。

(1) 创建学习型组织。

今天，变革的周期日益缩短，经济组织的学习能力成为影响成败的关键点。在这种背景下，学习型组织成为应对变革挑战的有效管理工具。

(2) 比竞争对手学习得更快。

壳牌石油公司的德格曾说过："比竞争对手学得更快的能力也许是唯一持久的竞争优势。"比竞争对手学习得更快、行动更迅速，才能提高公司生命力，延长公司的寿命。

(3) 在发展中完成主动变革。

主动变革也是一种学习，而且是行动上的学习和改进。比如，企业发展到一定程度后，打天下时那批草莽英雄，已不适应新形势的要求。缺少相应的知识和修养，必须适应新形势，寻找合适的人才。

【一语妙计】"知己知彼，百战不殆"，了解对手的情况已经成为用兵打仗、商业竞争的黄金法则。学习、学习、再学习，是未来商业社会的主题。

第十章 财务之道：让投下的每一分钱都产生价值

经营企业，懂财务不一定行，但不懂财务肯定不行。总经理认识不到财务的作用，不懂财务管理，失败是早晚的。中国的企业多，但规模小、效益差、生命周期短，落后的财务管理思想和方法是其深层次的原因。

常言道，搞通财务出利润。商场上每天主要的工作就是和钱打交道，良好的账目制度、正常的现金流、熟知投资禁区和技巧等等，这些都是你在商场上叱咤风云、将自己企业做大做强的坚强后盾。

财务语录

就是要有充足的现金流，一方面要有经营上的现金流，要保持正常的运营，更重要的是如何积聚资本的现金流，更多地通过各种方式和各种资本进行合作，来加强公司的实力。

——陈明健（东方高圣投资顾问公司首席执行官）

逆反行为和从众行为一样愚蠢。我们需要的是思考，而不是投票表决。

——沃伦·巴菲特（全球著名投资人）

在制造业方面的经验，如果生硬移植到金融业中，很可能会阻碍它的发展。

——张瑞敏（海尔集团总裁）

1.强化对资金的管理

有一句话说得好，“搞通财务出利润。”财务管理的核心内容就是研究公司对资金的筹集、计划、使用和分配。要强化资金管理，需要在以下几个方面做好工作：

(1) 加强资金的预算管理。对资金的预算不仅要控制支出，更重要的是使公司获得最佳生产率和利润率。通过利用资金预算管理的手段，实现公司的自我控制。

(2) 为保证资金的高效周转，财务部门要对公司资金统一管理、集中调度、高效使用，进一步完善内部资金调用模式及银行结算程序。

(3) 协同公司用好资金，保证重点工程的需要，提高资金使用效率。树立资金的时间价值观念，加速资金周转，使资金的流量、流向都得到最合理的配置。

(4) 在保障公司建设资金的供应时要紧密结合其特点，充分利用折旧资金来源，并配合投资的回收期进行银行贷款，降低资金的使用成本。

(5) 对临时性流动资产运用临时性负债筹集资金满足其资金需要，对于永久性流动资产运用长期负债资本满足其资金需要。

【一语妙计】公司管理要以财务管理为中心，财务管理则要以资金管理为中心。把手头的钱、银行的钱管好、用好，就是一件了不起的功劳。

2.保持正常的现金流

俗话说，“流动的钱才能生出更多的钱。”现金是公司的生命线，公司手头可供随时支配的货币和活期存款能否为生产经营提供足够的现金，对公司是生死攸关的大事。因此，公司在超速发展过程中必须十分注意防范现金风险。

要想加强现金管理，保持正常的现金流，应从加强管理、预先防范上下功夫，具体来说可采用以下措施：

(1) 在原材料供应淡季，争取以供方打折后的价格进货。

(2) 采取有效措施，控制和回收应收账款。

(3) 增添土地、建筑物和生产设备等固定资产时尽量采用租赁方式，减少现金支出。

(4) 由其他专业化公司提供配套产品和后勤服务（例如设备维护等），不要万事不求人，搞“小而全”。

(5) 严格控制原材料和成品的库存量，避免超额储备。

(6) 不将现金冻结在对近期利润增长没有多大作用的大额订单上。

(7) 减少微利产品的产量，控制对降低成本没有多大作用的订单数量。

(8) 预先准备好公司技术改造所需资金，以免临时挪用流动资金，影响正常生产。

【一语妙计】现金流是公司正常、良性运行的血液，如果现金流量不足，公司迟早要出问题的。对此，东方高圣投资顾问公司首席执行官陈明健说：“就是要有充足的现金流，一方面要有经营上的现金流，要保持正常的运营，更重要的是如何积聚资本的现金流，更多地通过各种方式和各种资本进行合作，来加强公司的实力。”

3.设计好账目制度

要想建立良好的账目制度，应该从公司的共有账目入手。精明的总经理会不断审查这些账目，有计划、有标准地做好管理。最好把销售额、盈亏统计数字以直观的形式展现出来（如用表格、图文），会更快更有效地帮助员

工了解账目。

下面各项是每个公司共有的账目：

(1) 盈亏统计表。

(2) 决策表。

(3) 现金流转表。

(4) 预算表。

(5) 销售额表。

(6) 成本和价格分析表。

(7) 汇票。

【一语妙计】 公司在选定好财务总监、财务经理、会计、出纳等财务人员之后，就要制定一整套完整的财务制度来管理、监督和发挥财务部门的作用，账目制度的完整性和执行率在很大程度上决定了公司的“财脉”。

4.手头资金要用活

没钱的时候，找钱；有钱的时候，要会花钱。然而对于很多总经理来说，手头的资金多了却不会花、用不活，这就是一个大麻烦。用活手头资金，需要必要的财务知识，这样才能够把握市场的走势。

(1) 在资金运用上，凡属资本性的开支，必须获得稳定可靠的资金来源。

这是因为资本性的占用属于长期占用，应选择成本费用最低的资金来源，以内部自有资金为主。在自有资金不足，需要依赖借入资金的情况下，要注意充分估计风险的可能性，采取避免风险的预防措施等。

(2) 在公司营运过程中，要注意固定资产与长期债务保持合理的比率。

固定资产使用期限长、价值补偿分散、周转慢，其变现（即转变为货币资金）的能力差。因此，公司在获得长期债务来源时要充分考虑抵偿债务的能力。

(3) 流动资产与流动负债，要保持适当比率。

流动资产的运用，就其性质而言具有周转快、变现力强、有自偿能力的特征，但也不能忽视其有遭受市场风险、违约风险和财务风险的可能，这就要求在运用流动负债的同时要考虑到流动资金的比率与配合。

【一语妙计】一家公司要想把资金用活，把每一分钱都花在刀刃上，总经理必须熟悉和精通金融业务，而且树立起商品经济的投资意识，实行投资决策的科学化和民主化，才能获得事业的成功。

5.短期财务报告里的秘密

短期报告是快速、及时的报告，它有助于做出管理决策。它和财务报告的基本性质大不相同。

短期报告是给公司管理者及时信息的内部报告。短期报告可以涉及许多重要的变量。其中包括：①日销售额。②银行的现金数额和账本上现金数额的对比。③产量的增长。④库存水平。

下面为大家使用短期报告提出几点建议，也许会发现它们很有用处：

(1) 通常将周末的日期划掉，这样可以快速地做更多的与往年的相应星期的比较。因为每年的日期各不相同，但星期相同，所以比较时只比较星期，不比较日期。

(2) 在星期下面画线，这是比较快速简捷的方法。

(3) 有时在预算中做出“供求比较”一栏，加强对当日情况的分析。

(4) 有时在报告中做出“每星期比较”的百分比一栏，这样便能一览无余了。

【一语妙计】现代公司的效率越来越快，总经理不要被每日应接不暇的工作所包围，你需要的是重要的财务信息。抓好短期财务报告制度，学会对企业财务信息进行即时分析，才能更好地动态掌握财务机要。

6.读懂报表，活用报表

有人调查了几百个大公司的总经理，数据表明，他们之中近80%的人每天早晨走进办公室后所做的第一件事就是阅读早已放在他们办公桌上的公司前一天（或上一期）的各类财务报表。

财务报表的种类很多，大致可分为以下四类：

(1) 经营状况报表。

如资产负债表、财务状况变动表、现金流量表、存货明细表和固定资产明细表等。这类报表主要反映公司的财产、资金状况。

(2) 经营成果报表。

如损益表、利润分配表、商品销售利润明细表。它是反映公司经营成果及其分配情况的会计报表。

(3) 费用成本报表。

如管理费用明细表、销售费用明细表、财务费用明细表、商品产品成本表和主要产品单位成本表。这类报表反映公司经营过程中各种费用和成本。

(4) 业务收支报表。

主要包括主营业务收支明细表和营业外收支明细表，这类报表反映公司的经营业务收支和营业外收支情况。

【一语妙计】财务报表是公司运营的晴雨表，它可以直接反映出公司的运营情况，所以要想做一个成功的总经理，就需要培养自己读懂报表、活用报表，并且能迅速从财务数据中发现危机的能力。

7.投资前要调查摸底

俗话说，没有调查就没有发言权。在制订投资计划之前，总经理要对投资所涉及的一些具体情况做深入的调查了解，这样才能使计划具有可实施性。具体而言，总经理应特别对下列情况进行全面分析了解，做到心中有数：

(1) 投资的宏观环境。

宏观环境是商业投资者本身无法控制的外部因素，主要包括经济环境、政治与法律环境、科技环境、文化环境等。

(2) 调查货源情况。

对于商业投资者来说，货源情况是必须了解和考虑的重要因素。只有具备充足的资源，才能保证商业投资项目顺利竣工并投入使用。

(3) 调查需求状况。

消费者的需求状况如何，直接决定着商业经营的好坏。可以进行下列方面的调查：需求总量调查、需求结构调查、需求季节调查、需求动机调查。

(4) 调查竞争对手状况。

一般来说，需要了解的情况包括：竞争对手的数量、竞争对手的经营状况、竞争对手的劳动效率、竞争对手的优势和弱点以及潜在竞争对手等。

(5) 商品销路的预测。

这是非常关键的一环，是投资前必不可少的准备工作。因为商业总是先买后卖，为卖而买。产品销路如何，直接关系到公司的经济效益。

【一语妙计】 市场调查研究能够有效地避免经营决策的盲目性，能够让经理人通过对市场数据的把握了解市场环境。除了进行问卷、统计等科学调查外，总经理还要养成亲自到第一线调查的好习惯。

8.成长性公司的财务课

公司迅速成长是好事，这期间，总经理要做好护航工作，在财务上提供资金支持，并妥善解决各种隐患。从财务管理的角度看，要把握好下面四个问题：

（1）不要穿大鞋，也不要穿小鞋。

大鞋降低效率、浪费资源，小鞋束缚发展。在成长型公司中，建一个合适的财务管理体系非常重要。

（2）发展速度与资金筹集。

在成长中，公司面临的一个很大诱惑是融资。要发展多快才合适？这个问题的答案往往是和资金筹集紧密联系在一起的。

（3）扩张与控制。

扩张的控制表现在三个方面：一是扩张中的资金控制，二是扩张中的绩效控制，三是扩张中的公司文化控制。这三方面都与财务管理有关，也是财务管理的一大挑战。

（4）市场应变与决策支持。

成长公司面临的市场是多变的，高成长必然引发新竞争的增加。在这样的环境中，由于信息不到位而导致盲目决策是很危险的。这就要求财务管理者能够从经营的角度看问题、发现问题，并能通过专业方法和工具，为决策者提供有价值的建议。

【一语妙计】在公司发展的不同阶段，需要不同的财务管理体系与之配套。如果这样的体系有重大的缺失，或功能不到位，则会严重阻碍公司的发展。在公司迅速成长时期，总经理要避免因为财务问题而拖后腿。

9.保证公司不花冤枉钱

中小型公司与大公司非常重要的区别，就在于财务制度是否规范化上。随着公司规模扩大，财务管理必然要升级，财务制度要规范。

公司要用好钱，就要“把钱花在点子上”。这就要求现代公司的总经理在运用资金时，随时注意根据各种资金的性质、结构和营运的需要，合理分配，使之能周转如流，避免风险，达到赢利的目的。这些要注意以下三点：

(1) 资金运用事关公司的存亡，一定要谨慎。原始积累时期的公司往往体现出“一言堂”的组织形式，在财务上，管理者往往公私不分。要尽量避免这种状况。

(2) 当公司面临管理升级的问题时，必然要进行产权分割，如何保护其他股东的利益将决定升级的目的能否很好地实现。

(3) 建立规范透明（指对企业的股东）的财务制度，制定严密的资金使用流程，将体现出公司管理升级的决心。

【一语妙计】在财务规划上下足功夫、做足功课，公司的财务管理才算健康有序，即使涉及再大规模的资金调度，也不会花冤枉钱。

10.投资不能踩红线

投资有两条准绳：一个是市场，一个是法律。这两条红线都不能随意碰，如果碰了，就有大麻烦。为此，创业者除了应熟悉《中华人民共和国个人独资企业法》之外，还应懂得《中华人民共和国公司法》等。这些法律法规既是公司的组织法，又是公司的行为法。

从日常经营管理的角度看，设立公司还应考虑和遵守下列法律法规：

(1) 税务法规。

任何公司都负有纳税的法定义务，也是义不容辞的。在我国，有关税收的方法分为三种：①所得税的法规，如公司所得税、个人所得税。②流转税的法规，如增值税、消费税、营业税等。③其他地方税的法规，如城市建设维护税等。

(2) 财务法规。

财务法规主要是公司会计准则、财务通则和分行业的财务制度等。这是企业财务人员需要熟练掌握的法规。总经理要从他们那里获得决策支持。

(3) 其他法规。

与创办公司投资活动有关的其他法规有许多，如各种证券法规、金融法规、结算法规、票据法规等。除上述法规外，作为总经理，还应熟悉政府的经济政策，国家对某些地区、某些行业、某些行为的优惠及鼓励政策等。

【一语妙计】投资选项时就应该明确投资的各项法律法规，依法行事。了解投资活动的相关法规是正确进行投资的基础。

11.让财务部门参与重大决策

以往，许多公司的财务部门在很大程度上都在采用闭门造车式的理财方式，被动地开展业务。但是在今天，财务部门在公司的重大决策过程中却起着先遣队的作用。主要原因有三：

(1) 公司重大的经营决策，要有财务负责人参加，并进行经济效益的论证。公司重要的投资、筹资项目，科研开发，技术改造等重大举措，除进行技术上的论证以外，要把经济效益放在首要地位加以评析，并以此决定取舍。

(2) 财务要变过去的监督服务型管理为决策参与型管理，在此基础上建立新的财务管理思路，激励财务人员进行全过程的经济效益控制，将财务管理渗透到公司经营过程中的各个环节。

(3) 通过财务管理，灵敏、综合地反映公司经营过程中的各种情况，提高公司适应市场变化、抵御市场风险的能力。同时，财务主管部门要保持与其他职能部门的高度协同。

【一语妙计】 总经理一定要意识到：若想在战略上抢占先机，就必须学会将数据变为信息，再由信息转化为知识，最后再由知识付诸行动。要知道，正确的决策大都来自众人的智慧。

12.根据资源能力办事

资源能力是投资成败的关键和物质基础。一个公司，没有适合自己发展的各种资源，想取得预期的良好收益就成了天方夜谭，随时都有失败甚至破产的危险。

巧妇难为无米之炊，资源对公司来说就是“米”，没有资源，公司的投资都只能是竹篮打水一场空。资源能力主要包括五个要素：

(1) 技术要素。

技术进步是经济发展的强大推动力。总经理要进行一项投资，必须具有必备的技术，它是投资活动兴旺的根本。

(2) 资金要素。

货币资金的投入是现代公司投资营运的起点。每个总经理在投资时都必须考虑：公司的资金从何而来？为何要投资？如何投入才能获得最大的经济效益？

(3) 人力要素。

在公司的五大要素中，人力要素在其中起决定性作用。人是公司的首要资源，其他资源的开发、利用，都离不开人力要素。

(4) 原材料要素。

原材料是公司生产加工的对象，是构成公司产品的主要物质要素。降低原材料消耗，减少原材料的浪费，是降低产品成本的重要途径。

(5) 信息要素。

投资的基础就是信息，总经理的经验与直觉也是由信息积累产生的，而市场信息是普遍存在的。把这两种结合起来，就能创造一个良好的信息环境。

【一语妙计】有多大本事，吃多少饭。投资选项也一定要注重自身的资源能力，一个人太贪，自己恐怕消受不起。许多投资不是项目不好，不是时机未到，而是总经理本身“吃”得太多，被撑坏了。

13.投资规模大带来财务紧张

为了使公司管理层在决策时能够更好地选择战略方针，避免投资规模过大带来财务紧张，我们将投资的战略归纳为如下几类：

(1) 发展型投资。

发展型投资是总经理在现有水平上向更高一级迈进的战略，也是总经理广泛推行的战略，在国民经济高速发展时期，这一战略普遍收到良好的效果。

(2) 稳定型投资。

它适用于稳定或下降行业中的公司，是产品转向的一个过渡阶段。其过渡时间的长短，取决于老产品的寿命周期和转入新产品的难易程度。应该把握公司的优劣势，选准新的产品为投资对象。

(3) 退却型投资。

这一战略多用于资源紧张、公司内部存在着重大问题、产品滞销、财务状况恶化、政府对某种产品开始限制以及企业规模不当等情况。其特点是，从现经营领域中抽出投资，减少产量，削减研究和销售人员。

【一语妙计】投资选项应有适当的规模，规模太大会造成资金紧张，规模太小不能产生最大的效益。总经理要在分析市场、资源、资金的基础上，选择适当的投资规模，量力而行。

14.认准投资回报率

在资本经营过程中，收益和风险是紧密相连的。在风险一定的情况下使投资报酬最高，或在报酬一定的情况下使风险最小，这是金融资本经营的基本原则。根据这一原则，公司要尽力保护本金，增加收益，减少损失。这就要求总经理做到如下三点：

（1）公司在安排金融资本经营方案时，要实行组合投资经营，即将各种不同类型的金融资本运作方式合理搭配起来，以分散公司的投资经营风险。

（2）客观地评判自身承受风险的能力，并据此制定适合公司实际情况的组合方案。组合经营是在公司有富余资金的情况下采取的措施，如果公司的资金在经营主业上还捉襟见肘的话，就不合适了。

（3）需要特别指出的是，充分分散投资风险后，虽不太可能遇上最坏的情况，但也不可能遇上最好的情况，而最有可能发生的情形就是不好也不坏，投资回报率非常接近平均值。

【一语妙计】投资的目的是获取利润，投资回报率是检验投资成败的唯一指标。投资回报率（ROI）=年利润或年均利润/投资总额×100%。从公式可以看出，企业可以通过降低销售成本来提高利润率，也可以通过提高资产利用效率来提高投资回报率。

15.产业资本与金融资本融合

当产业资本发展到一定阶段时，由于资本需求不断扩大，就会开始不断向金融资本渗透；而金融资本发展到一定阶段时，也必须寻找产业资本支持，以此作为金融产业发展的物质基础。

所以说，产业资本与金融资本分不开。要想挖到这其中的“第一桶金”，作为一个有远大抱负的总经理，就要做到如下三点：

（1）根据资本运作的客观规律行事。

产业资本运作和金融资本运作都有着不同的客观运作规律。总经理要了解这种规律并依此行事，避免偏离两者融合的轨道。

（2）要有必要的人才储备。

张瑞敏说过，海尔集团在制造业方面的经验，如果生硬地移植到金融业中，很可能会阻碍它的发展。有些做法是难以移植的，但创新的思路、创新的发展战略、大胆引进人才的机制，都有助于海尔集团进入它原本比较陌生的金融领域。

（3）要对金融市场的风险有足够的承受力。

①要有相当丰厚的资本和产业实力做基础，才可以进入金融领域。②要有一颗坚强的心脏和一套完整坚硬的神经系统作为心理承受力的强大后盾。

【一语妙计】一位金融专家说过，表面上看，我国公司的产业资本已经与金融市场紧密地结合在一起，但实际上两者并没有实现真正意义上的互动。因此，总经理在资本融合的道路上，还有很远的路要走。

16.风投玩的是创意

风险投资的特点是高投入、高回报，在较短时间里，总经理就要见到效益，然后提前退出，由后继者接手。

风险投资是创造经济神话的“魔术之手”，是“勇气、智慧和艰辛的劳动创造财富”的最好证明。在这里我们给风险投资做三点总结：

(1) 能顶着风头把钱投向别人不敢投、不愿投的地方，然后享受勇气和智慧带来的回报，这样的人是真正大手笔的人，也会时常遇见幸运之神。

(2) 风险投资在中国是势在必行的，重要的是有敏锐的目光、过人的胆识，然后开始积累这方面的知识，这样，才有可能创造硅谷冒险家们创造过的神话。

(3) 从投资性质看，风险投资的方式有三种：一是直接投资。二是提供贷款或贷款担保。三是提供担保资金同时购买被投资企业的股权。不管是哪种投资方式，风险投资人一般都附带提供增值服务。

【一语妙计】风险投资家玩的是创意，但是把创意变成生意，还需要智慧。正如沃伦·巴菲特所说：“逆反行为和从众行为一样愚蠢。我们需要的是思考，而不是投票表决。”

17.解决好现金流不畅的问题

公司在发展和通向成功的道路上难免会遇到些财务问题。然而，有一类问题却特别具有威胁性，那就是可能遇到的现金流问题。下面提供几项解决现金流问题的措施：

(1) 从过期账款开刀，收回应收账款。一个正在与现金流量问题做斗争的公司不能怜悯那些拖欠货款的客户，过期账款理应收回，对过期账款应该穷追不舍。

(2) 向愿意立即付款的客户提供适当的折扣。有时候，你会发现这种手段也会奏效，甚至提供这类折扣还会刺激那些长期滥用你信用宽容的客户迅速付款。

(3) 处理存货。几乎每个公司都会因疏忽或过度购买而堆积起过量的储备，这时候处理存货就派上了用场。

(4) 贷款。一是通过银行；二是通过朋友关系，向私人贷款，如果是比较亲密的关系（如同学），利率可能比银行要低。

(5) 寻找合作者。这需要经营者调动自己的人脉资源筹得资金。

(6) 将私人资产作为抵押以借入所需的现金。为此，可以去典当行募集所需的资金。

【一语妙计】 现金流问题几乎是每个公司管理者都会遇到的问题，遇到现金流问题时，不要采取非常极端的行为。要尽量使自己冷静下来，保持理智的头脑，坚信方法总比困难多。